# 城市化与内需主导型经济增长

周笑非　著

西北工業大學出版社

西　安

【内容简介】 本书以农转非过程的需求增长为主线，采用理论与实证相结合的方法，对城市化推动内需经济增长的机制以及实现条件进行研究分析，并在此基础上，给出研究结论、提出城市化的战略取向以及相应的政策调整。本书的主要包括绪论、增长模式的转换：从外生需求到内生需求为主导、城市化推动内需经济增长的作用机制、城市化推动内需经济增长的实证分析、城市化推动内需经济增长的实现条件以及结论、政策调整与展望等共6章内容。

本书可作为经济研究员、社会工作者等相关人员的参考书。

**图书在版编目（CIP）数据**

城市化与内需主导型经济增长 / 周笑非著. -- 西安：西北工业大学出版社，2018.8（2025.1重印）
ISBN 978-7-5612-6149-1

Ⅰ. ①城… Ⅱ. ①周… Ⅲ. ①城市化－关系－经济增长－研究 Ⅳ. ①F291.1

中国版本图书馆 CIP 数据核字(2018)第 189224 号

CHENGSHIHUA YU NEIXU ZHUDAOXING JINGJI ZENGZHANG
城市化与内需主导型经济增长
**策划编辑：** 雷 鹏
**责任编辑：** 翟文乐

**出版发行：** 西北工业大学出版社
**通信地址：** 西安市友谊西路 127 号 邮编：710072
**电 话：**（029）88493844 88491757
**网 址：** www.nwpup.com
**印 刷 者：** 三河市天功达印刷有限公司
**开 本：** 710 mm×1 000 mm 1/16
**印 张：** 11.5
**字 数：** 164 千字
**版 次：** 2018 年 8 月第 1 版 2025 年 1月第 2 次印刷
**定 价：** 32.00 元

# 前　言

世界发达国家的经济增长典型化事实表明，城市化与经济增长二者之间存在着必然的联系，工业化的发展促进了城市化的发展，而城市化的发展又推动了经济增长。但是，我国与世界上大多数国家的现代化发展历程不同，新中国成立以后，为了改变过去工业化落后的局面，尽快建立起现代化的工业体系，实现赶超发达国家发展目标，采取了重工业化优先发展同时抑制城市发展的战略。这就使得中国的城市化严重滞后于工业化的发展，农村大量剩余劳动力难以转移到城市劳动生产率和收入更高的非农部门，农业劳动生产率低下，影响了农民收入增长，限制了农民对非农产品的消费需求。改革开放以后，中国利用两种资源、两个市场积极引进外资，扩大对外开放，逐步形成了今天出口导向型经济增长的模式。出口导向型经济增长模式虽然极大地促进了中国经济的增长，但是也导致了中国宏观经济的内外失衡并且加剧了国际贸易摩擦。特别是在国际金融危机背景之下，来自国外市场的需求不断下滑，出口导向型的经济增长模式已经变得举步维艰，中国迫切需要回到国内需求推动经济增长的轨道上来。城市化不仅能够创造就业而且能够创造需求。城市化实质就是第一产业向第二产业和第三产业转化过程，这一过程也是农民从低收入、低效率、劳动力过剩的农业部门转移到高收入、高效率、高就业率的工业部门、服务业部门的过程，它不仅能够带来收入的增加，同时也能够带来有效需求增加和产品市场的扩大。截至 2016 年中国还有 42.65% 的人口生活在农村，如果达到 70%的城市化率，中国至少还有近 1.6 亿的农村人口需要逐步融入现代城市当中。这一农转非过程会将城乡居民消费差距所蕴藏的潜在需求势能转化为现实有效的需求并通过乘数效应促进内需经济增长。因此，从农转非过程的需求增长效应和收入增长效应来看，城市化本身就构成了一种经济增长要素。抓住城市化这一内生性增长特征，我们就可以通过城市化有效推动非农就业的增长和国内消费、投资需求的扩大，并且通过产业结构的优化，提高产业竞争力使国民经济进入良性循环发展的轨道。

本书以农转非过程的需求增长为主线，采用理论与实证相结合的方法，对城市化推动内需经济增长的机制以及实现条件进行研究分析，并在此基础上给出研究结论，提出城市化的战略取向及相应的政策调整。

本书的主要研究内容如下：

第 1 章，首先，阐明了本书的选题背景及意义；其次，通过文献回顾，考察国内外关于城市化与经济增长关系的研究成果，然后在此基础上提出本书的研究视角以及研究方法；最后介绍研究框架、技术路线、结构安排和理论创新点与研究不足之处。

第 2 章，主要是背景研究。首先对中国经济增长的典型化事实进行分析，然后提出中国出口主导型经济增长模式所遭遇到的困境与挑战，最后阐明城市化作为内需主导经济增长内在动力因素的重要原因和现实意义。

第 3 章，构建一个城乡两部门模型，在该模型框架内首先研究农转非与产出的需求决定，然后在城乡需求落差基础上分析农转非的内生需求增长效应，最后利用因果关系链总结并提出农转非推动内需经济增长的理论作用机制。

第 4 章，在上一章城市化推动内需经济作用机制研究基础上，提出理论命题加以实证检验。首先使用灰色关联法分析城市化与经济增长互动关系，找出二者之间相互影响的主要因素；其次使用 VEC 模型对城市化过程中的消费需求潜力和投资需求潜力进行分析，并进行格兰杰因果检验，实证分析城市化过程中消费需求和投资需求对经济增长的具体贡献；最后，实证分析城市化过程农村劳动力转移对经济增长的贡献。

第 5 章，主要针对城市化推动内需经济增长的实现条件进行分析研究。出口、政府支出以及农民土地财产性收益是启动内需主导型经济增长的必要条件，没有出口需求、政府支出等外部需求，农民就不会有城市就业的机会，农转非自然不会发生，特别是没有农民承包土地的财产性收益，农民就缺少城市安居生活的资本，农转非推动内需的机制就难以生效。

第 6 章，对全书的研究进行结论性总结，然后提出城市化战略取向和政策调整依据和政策调整方向。最后给出未来进一步研究方向。

就研究方法来说，经济学视野的分析方法是贯穿本书始终的主要研究方法。首先，根据我国实际存在的情况，我们将采用规范分析与实证研究相结合，突出实证研究的方法。在研究过程中，根据必要的假设，建立基本的分析模型，对城市化推动经济增长机制进行分析，这是理论创新的重要组成部分。根据本书研究的重点和难点，再利用统计、计量分析方法，进行实证研究，从而使得出的结论真实而可信。其次，利用实证与理论推理相结合的方法对实证研究的结果进行系统的理论思维，提出具有反映我国城市化与内需主导型经济增长的理论，并将其一般化。

本书的主要结论如下：

一、出口主导型经济增长已经难以维系，中国必须走向内需经济主导之路，而城市化是推动内需经济增长的必然选择。

二、农转非过程内生性需求潜力使得城市化本身成为经济增长的因素。

三、农转非过程可以将城乡需求势差转化为需求增长效应、收入增长效应、资本重置效应及需求引致效应推动内需经济增长。

四、城市化与经济增长存在着内生关系，城市化和经济增长组成了一个动态系统，没有城市化就不可能存在经济增长，没有经济增长也就没有城市化的发展。城市化过程能够产生大量的消费需求和投资需求有效推动经济增长。农村剩余劳动力转移到城市能够产生提高城乡劳动力资源的劳动生产效率推动经济增长。

五、农转非推动内需经济增长需要相应的外部条件才能够实现，这些外部条件包括政府需求、出口需求和资产变现需求。其中最主要的条件是农民能够获得土地财产性收益，而赋予农民土地永佃权是农转非实现的关键条件。

六、城市化推动下的内需主导型经济增长有赖于户籍制度、土地制度、就业制度和社会保障制度作出相应的调整，才能够实现城市化对内需经济增长的推动。

本书的主要创新在于：

第一，研究视角的创新。以往的有关城市化对经济增长的研究大多侧重于城市化的集聚效应、扩散效应对经济增长的作用，而本书首次从需求的角度，研究分析农转非过程所形成的消费增长效应、收入增长效应、资本重置效应及需求引致效应等四个方面对内需经济增长的贡献。

第二，经济增长理论创新。城市经济增长理论一般着重分析城市化对劳动、技术进步以及资本等经济增长要素的影响，以探索城市化对经济增长的作用，而本书从城乡需求差距(需求势能) 分析城市化对内需经济增长的影响贡献，并首次提出城市化过程所蕴藏的内在需求潜能使得城市化本身构成了经济增长的要素。

作 者

2018 年 6 月

# 目　录

# 第1章　绪　论

中国在改革开放以来的近40年时间里，国民经济取得了令世界瞩目的伟大成就。伴随着经济总量的不断增加，对外贸易总量也在飞速增长，逐步形成了今天出口导向的经济增长模式。中国货物出口占世界出口总额的比重从1978年的不足1%上升到2015年的15.5%，牢牢占据了世界第一出口大国的位置。中国能够取得今天这样的经济奇迹和改革开放以来实施的出口导向的经济增长战略密不可分。对于中国这样一个人口众多的发展中国家，改革开放以来采取出口导向的经济增长模式有着其特殊的历史发展背景，即长期的抑制城市化发展策略使得改革开放初期中国农村存在大量剩余廉价劳动力急需转移出去。此外，国民收入普遍较低，国内总体消费能力偏弱，国家经济基础薄弱，缺少更多的资金投入发展生产。因此，我们采取了出口导向经济增长战略，这样不仅使我们利用国外的资金解决了国内资金不足的问题，而且又利用农村大量廉价剩余劳动力低成本优势很快占领了国际市场并且解决了农村劳动力过剩的问题。但是随着中国在世界上经济地位的不断提升，国民收入不断增加，这种廉价劳动力带来的低成本优势现已不复存在，特别是随着2008年底的全球性金融危机爆发，中国的对外贸易出口额急剧萎缩，对外贸易摩擦不断加剧，使得中国出口导向型的经济增长方式再也难以长久维系。经济增长的典型化事实表明工业化创造供给，城市化创造需求，中国迫切需要回到通过城市化扩大内需推动经济增长的道路上来。

## 1.1 选题背景及意义

### 1.1.1 选题背景

从20世纪90年代的中后期开始，中国的宏观经济出现了一个显著性的变化特征，那就是国内的消费需求从原来的供给不足转向了需求不足。国内消费需求乏力已经成为长期困扰着中国经济持续稳定增长的痼疾。国家统计局数据显示，最近十多年以来，我国的最终消费率一直呈现出明显的下降趋势。20世纪90年代期间，我国的最终消费率还在60%左右徘徊，但是进入21世纪以后便开始持续地下降，从2000年的62.3%一直下降到2015年的51.6%。而世界银行的统计数据显示，与我国收入水平相当的国家同期的家庭最终消费率分别达到了70%和67%，比我国的最终消费率大约高出了20个百分点。由于国内需求对经济增长贡献不足，中国经济增长不得不更多地依赖于对外贸易出口拉动。在过去10多年间，特别是2002年中国加入国家贸易总协定以后，中国对外经济增长速度明显大于国内生产总值增长。1998—2009年中国的国内生产总值年平均增长率为9.9%，而同期的对外贸易总额年均增长率达到了21.4%。2009年我国的国内生产总值与1998年同期按不变价格相比较增长了近7倍；贸易总额增长了15倍；出口总额增长了22倍；吸引外资总额以及对外投资总额也分别增长了19倍和4.4倍，对外经济增长速度的各项指标都超过了国内生产总值的增长速度。1998年我国对外贸易出口总额还仅有3 239亿美元，位居世界第11位，占世界贸易总额的比重为3.8%；而截至2010年我国对外贸易出口总额已经达15 777亿美元，居世界第一位；进口总额13 962亿美元，居世界第二位，进出口总额占世界贸易总额9.8%。1998年我国进出口总额占国民生产总值的比重即外贸依存度仅为9.75%，2007年高达66.6%；2009年即使受到国际金融危机的冲击也高达44.24%。我国出口导向型增长模式的选择有其客观必然性。其一，我国城市化水平长期滞后于工业化水平，农村存在的大量剩余劳动力难以转移，带来了生产的低成本优势；其二，国内产业结构升级没有得到城市化响应，大量低端技术含量工业产品和生活用品生产过剩，而国外市场存在大量需求。在这样的背景之下，我国在对外开放的过程中积极采取了出口导向政策，发展对外贸易。这种做法带来了积极的后果就是我国的出口加工业迅速发展起来，使得大约2.5亿农村剩余的农业劳动力转移到了城市相对高效的加工业就业，同时也使得整个城市经济得到了快速发展。大量的出口需求弥补了国内需求的不足，旺盛的出口需求有力地支撑了此后十多年经济的高速度增长。但是，2008年年底由美国次贷危机引发的全球性金融危机，给中国出口导向型经济带来了严重伤害。这一年，中国的经济增长率首次降到了10%以下，2009年第一季度的GDP增长率仅达到6.1%，创近十年来的最低点，中国出口导向型的经济增长战略从目前世界经济的发展状况来看，无论从理论上还是实践上都不可能再长期坚持下去。首先，从出口导向型增长战略的物质基础出发，出口导向战略已不再具有长期增长的潜力。我们的外需主导型战略是根据比较利益，建立在农村存在大量低廉劳动力和牺牲环境资源基础之上的，虽然符合当时的客观发展条件，但是这种发展战略只具有静态比较优势，不具有动态发展优势。随着中国经济的增长，我们对外出口增长战略赖以存在的廉价劳动力成本优势和资源环境增长优势现已不复存在。其次，出口导向型经济增长模式将会进一步加剧我国宏观经济的内外失衡，它不仅会造成国内市场投资的低水平重复建设，而且国际收支长期顺差会引发国内货币流动性过剩带来通货膨胀的压力，最后形成资产泡沫进一步挤压消费。最后，出口导向型战略不但容易受到国际市场需求波动的影响而且容易引发国家之间的贸易摩擦。对中国这样一个出口导向型经济大国来说，外贸出口额的持续下滑对整体经济造成的打击是沉重的，在这种严峻的形势下，要想保持中国经济的持续增长，内需主导型经济就成为必然的选择。

经济增长的长期动力来自于市场需求。由于经济的运行环境可以被分为国内市场和国外市场，因此相应的市场需求也就包括国内市场需求和国际市场需求。从世界经济发展历史来看，不同的国家由于自身禀赋不同，因此经济发展的特点也不尽相同，国内需求和国外需求在其经济增长过程中的地位和作用也就不同。对于大国而言，国内市场需求在其经济增长过程中发挥出的作用更大、更积极。一国的内需包括投资需求和消费需求，中国内需不足主要表现为居民消费需求不足。最近10年的数据显示，中国的固定资产投资增长速度不仅高于GDP的增长速度，而且明显高于城乡居民消费的增长速度。特别是进入21世纪以后的十多年间，虽然中国国内生产总值的年平均增长率高达10.5%，但是全社会的固定资产投资年平均增长率竟然高达22.6%。在2001年至2009年的10年间中国的资本形成对国民经济增长的贡献率从49.9%急速上升至95.2%；而同一时期内的城乡居民消费增长对国民经济增长的贡献率却从2001年的50.2%下降到了2009年的45.4%。其中消费需求不足的主要原因在于居民收入的增长速度，特别是农村居民的收入增长速度长期低于国民经济增长的速度。2000年以来，中国政府的消费比重大致呈上升的趋势，而同期的城市居民的消费也上升了14个百分点，但是引人注目的是我国农村居民消费占全体居民消费的比重，却从1995年的40%下降到了2007年的26%，占全国总人口55%的农村全体居民消费只占到居民总消费的26%，这充分表明，农村居民的消费能力普遍不足是中国内需不振的最根本原因。虽然我国内需不足的根本原因是农村居民消费能力不足，但是其更深层的原因却在于长期以来我国城市化发展滞后于工业化和经济发展速度。由于城市化滞后，我国农村大量剩余劳动力难以及时转移到城市成为真正的市民，只能够依附于劳动生产率较低的农业或者进入城市低附加值的出口加工制造业的传统劳动力市场就业，因此收入水平长期低于经济发展水平，在这种就业背景下派生出的需求结构严重影响了产业结构和供给结构的升级。由于大量农民依附于农业和土地，而农业生产力和农产品需求弹性较低，导致农民收入增长缓慢，制约了农民消费能力的扩大。从城乡消费需求方面来看，2009年我国城镇居民人均可支配收入为17 174元，而农村居民人均纯收入为5 153元，消费能力不足城市居民的三分之一。农村居民收入与消费水平低下不仅制约了工业品市场扩张，而且阻碍了消费品市场的升级。此外，由于我国特殊的城乡分割二元社会保障体系和户籍制度，大量进入城市的农民工成为统计意义上的居民，但是他们实际上过着一种不稳定的城乡两栖生活。由于不能够享受附加在户籍上的真正城市市民福利待遇，他们即使有钱也不敢消费。因此在外部市场需求受阻、出口难度加大的市场条件下，解决内部需求不足的最有效途径在于加快城市化步伐，实现城乡二元经济一体化，使更多的农村剩余劳动力转移到城市，借此提高农民的收入水平扩大消费，而消费能力的提高又会引致投资需求的扩大，最终实现内需经济的增长。

### 1.1.2 选题意义

市场经济改革、出口贸易以及城市化是我国30年来取得的举世瞩目伟大经济增长成就的三个关键原因。20世纪70年代末期，当中国农村经济发展面临绝境的时刻，中国以家庭土地承包责任制启动了农村的市场化改革。80年代后期，为了进一步深化改革，中国又采取了积极引进外资、外企、多种贸易手段并举的出口导向的经济增长战略。21世纪初期，随着经济发展和对外开放的原动力逐渐衰减，我们又通过利用农村剩余劳动力的低成本优势，积极引入外资、扩大出口需求，将中国经济全面纳入全球市场的竞争，同时不断推出一系列新的改革措施，推动了又一轮高速经济增长。但是2008年开始的全球性金融危机使得中国出口导向型经济模式受到了严重的挑战，出口需求的大幅度下滑、农民工大量返乡，使得我们清醒地意识到，面对日益加剧的外部摩擦加剧、劳动力成本的上升以及资源环境约束的挑战，现在中国必须促进国内需求，通过寻找经济增长的新的动力源和强大引擎，以保持今后的可持续强劲增长。在这样的经济增长背景之下，如果能够推动城市化这一相对滞后领域的发展，依靠城市化过程所蕴藏的内在需求潜力，必将能够为中国未来的经济增长带来新的强劲动力。换言之，中国应该进入由城市化推动的内需型发展战略为主导的经济增长时代！

改革开放以来，来自外部市场的国际需求不仅一直成为我国经济增长的主要推动力，而且也开启了中国农民城市化的进程。在国际市场需求强劲的背景下，国际需求掩盖了国内需求不足的问题，拉动了中国的劳动力市场需求，吸纳了大量农村剩余劳动力进入城市非农行业就业。现在问题是，这种以出口为导向的增长模式，有一个基本的前提条件：国际需求大于出口产能。现在这个前提条件发生了根本性变化，那么，中国必然面临着经济增长模式的转换。从目前经济增长的困境看，中国下一步发展面临的主要制约是内部需求不足和外部资源的过度依赖。而国内需求不足的根本原因是由城乡二元体制带来的收入差距扩大引发的支付能力不足。在这种情况下，放松城市化的各种限制，释放出城市化需求潜力，不仅能激发并保持较长久的投资需求，而且最终有助于刺激私人消费。这是因为城市化发展需要更多的政府公共投资(即扩大公共基础设施)和更多的私人投资(如住宅物业)，以满足城市新增加移民的需求。同时，城市化发展能够引致钢铁行业和其他相关建筑材料行业产品的强劲需求。此外，城市化进程人口规模的不断扩大还将带来社会商品零售的增长和居民对住房、电力、汽车和移动电话等的强劲需求。从城市化直接或引致的需求扩大效应上说，城市化是目前中国促进经济增长的优先政策选择。

从理论上说，已有的实证研究结果表明，城市化水平与单位资本 GDP 之间的相关系数高达 0.85。原因是人口和资源的空间集聚产生了规模收益递增的效应。

对于工业化的城市，经济增长效应也更明显，因为知识和新技术在交流、竞争和传播等方面效率更高，经济运行成本低，产出效率高。可以观察到，许多新兴经济体国家经济之所以快速增长，一个重要原因是它们走的正是以大都市圈为特征的城市化之路。未来一段时期，中国的城市化将不断承担起推动经济增长的重任。这是经济发展阶段规律和特定的发展背景所决定的。

综上，中国到了以城市化为动力突破经济增长瓶颈、转换增长模式的时候了，改革和发展思维的重大调整和重新定位，已经迫在眉睫。在这样的情况下，以城市化与经济增长为选题开展研究，不仅可以深化其相关的理论，而且可以为中国经济持续增长探索新的动力之源，其理论和实际意义自不待言。

## 1.2　相关研究文献综述

20 世纪 90 年代以后，新兴的工业化和发展中国家农村人口大规模的涌入城市，使得城市化与经济增长关系的研究成为经济学研究的热点。国内外专家学者对城市化与经济增长的研究也已经从单一的产业维度、时间维度、空间维度研究扩展到三者结合的综合研究，并且在理论和实证研究方面取得了很大的进展。重点研究经济增长源于 20 世纪 20 年代末 30 年代初的资本主义国家的经济大危机。面对危机之后的长期萧条，西方经济学家针对经济长期停滞还是动态长期增长展开了争论，由此开启了研究经济增长的热潮。然而经济增长研究一直未能够将产业为什么在空间集聚纳入其理论框架即未能够把地理因素考虑进去。Marshall 认为知识的外溢性是导致工业在地理位置集聚的主要因素，而罗默和阿罗则认为知识的外溢性是导致经济增长的最重要的原因，因此我们通过知识的外溢性自然而然地将城市化与经济增长联系了起来。最早将城市化和经济增长联系起来进行研究的是发展经济学，Lucas(1988)首次较为明确提出了城市与经济增长的命题[1]。

### 1.2.1 城市化与经济增长相关理论研究

#### 1．人口迁移理论和模型与经济增长

城市化与经济增长研究起源于发展经济学中的人口迁移模型和内生经济增长模型。城乡二元结构的经济社会发展的差异，是引起人口迁移的主要动因，人口变动和城市经济的转换是农村城市化的重要特征。最早提出二元经济概念的是英国学者伯克(1953)，伯克在研究了 19 世纪印度尼西亚社会经济状况后认为，印度尼西亚是典型的二元经济社会，一方面是经济落后的传统农业社会，另一方面是荷兰殖民者输入的现代发达的资本主义社会。

发展经济学家 Lewis (1954)从二元结构出发，分析了由农村演变为城市过程中的结构转换模式[2]。Lewis，William Arthor(1954)在《曼彻斯特学报》发表了发展经济学奠基著作“劳动力无限供给条件下的经济发展”。该文提出了著名的封闭经济中的二元结构模型。Lewis 的理论基于三个基本假设，存在着城乡二元结构的经济社会，在经济落后的农业部门存在着边际劳动生产率为零的大量的剩余劳动力；农业部门的生产方式以传统农业手段为主且生产率较低，城市部门以现代化生产方式为主，劳动生产率较高，由于城乡两部门生产率的差异使得城市工业部

---

[1] Lucas,R.E.,Jr.1988,Journal of Monetary Economics

[2] Lewis 的二元结构理论对发展中国家剩余劳动力农转非研究具有重大意义。Lewis 拐点如今是中国城市化研究的热点之一。

门的收入要高于农业部门的收入；城市现代工业部门的收入取决于农业部门的收入水平，农业部门的大量剩余劳动力在城乡工资收入差距的驱动下大量涌入城市，为城市现代工业企业提供了大量的低成本劳动力，农村过剩劳动力存在是城市工业部门工资水平保持不变的基础，这也是工业部门能够不断扩大生产规模的物质基础。只要农村部门的剩余劳动力没有被城市工业部门吸收殆尽，这一过程就会继续下去，直到城乡二元结构社会彻底消失。Lewis 理论的核心在于农村剩余劳动力是城市工业部门资本积累的源泉，资本积累越多，经济增长速度就越快，农业部门的剩余劳动力城市迁移速度也就越快，反过来经济增长变得越迅速。Lewis 二元经济理论分析了发展中国家二元经济的结构特点和表现形式，并提出了消除二元经济结构的途径和思路，为发展经济学做出了重大贡献。但是其模型没有考虑农业促进工业增长的作用以及农业生产率的提高而出现的剩余产品应该是农业中的劳动力向工业流动的先决条件。

因此，John C．H．Fei 和 Gustav Ranis(1961)在城乡两部门增长均衡基础上对 Lewis 模型进行了进一步的修订，完善了农村剩余劳动力城市化转移的二元经济理论，建立了 Ranis－Fei 模型。他们把经济发展分成 3 个不同阶段：第一阶段是劳动力边际产出大于零但是小于工资水平阶段；第二阶段经济中存在隐蔽性失业；第三阶段经济实现商品化阶段。该理论认为工业化发展过程中，必须保持农业生产率的同步增长，以此增加农业剩余和释放农业剩余劳动力。该理论强调了农业发展对工业化的重要性，在一定程度上完善了二元经济理论。

Jorgenson(1967)指出，Lewis 的二元经济理论和费-拉尼斯的二元经济理论都属于古典模式，差别在于费-拉尼斯区分了二元经济发展的二个阶段。在第一个阶段劳动力的边际生产率为零，农业劳动力向城市工业部门转移不会减少农业部门的产出；在第二个发展阶段农业劳动的边际生产率大于零但小于工业部门的实际工资率，因此工业部门劳动力供给增加是以牺牲农业产出为代价的。Jorgenson 同时指出，二元经济发展可以划分为三个阶段：第一个阶段是工业化起步阶段；第二阶段是隐蔽性失业消失阶段，这时农村部门劳动的边际生产率低于农产品计算的实际工资，工业部门得到进一步发展；第三个阶段可以解释为 Lewis 二元经济理论的新古典阶段。对新古典模式来说，农业是二元经济发展的基础，如果没有农业部门的剩余，工业部门即使有了追加资本也难以得到发展，只有不断扩大的农业剩余才能够保证经济的持续增长。

Todaro(1969)提出并建立了新的农村劳动力人口迁移模型。托达罗认为，农村剩余劳动力是否向城市转移并不取决于城乡两部门的实际工资收入差距而是取决于农村劳动力在城市的预期工资收益以及城市就业的机会，城乡两部门的工资收入差距越大而且城市的就业机会越大，农业部门的剩余劳动力向城市转移的数量也就越多，或者说农村剩余劳动力向城市转移的规模是城市预期收入和城市就业机会的增函数。与传统的农村剩余劳动力迁移模型相比较，托达罗的人口迁移模型不仅将城市的就业机会纳入了模型而且将其与城市的收入差距结合起来，把农村劳动力转移的动力视作城乡两部门收入差异和城市就业概率共同作用的结果。

蔡昉(2010)通过研究观察金融危机期间中国劳动力市场表现，认为中国已经面临 Lewis 拐点，中国二元经济将面临终结，城市化发展趋势不可逆转，给予农民工市民化待遇实现公民服务均等化有助于中国经济持续发展。

二元经济理论与模型虽然解释了农业人口向城市迁移的原因以及农村剩余劳动力转移有助于经济增长，但是并未就城市为什么成为经济活动聚集中心以及经济的长期增长做出进一步的解释。

## 2. 空间区位理论和城市聚集机制与经济增长

关于为什么城市会成为经济活动的集聚中心的渊源最早可以追溯到德国的古典区位理论。19 世纪初，德国农业开始向商品化过渡，为了研究德国农业经营模式和产业化问题，约翰·海因里希·冯·杜能(1862 年)撰写了《孤立国同农业和国民经济的关系》一书[3]。书中对孤立国(城市)描述，成为城市经济学的发源。冯 •杜能在他的模型中探讨了城市周围的土地应该如何利用才能够使得生产和运输对城市供给所产生的综合费用最低。

杜能古典区位理论之后50多年，工业革命，制造业兴起，铁路、轮船运输开始得到普及，人们开始关注工业区位的选择问题。另一位德国经济学家 Alfred Weber(1909) 提出了古典工业区位论，这标志着传统区位理论的正式诞生。

韦伯之后，瑞典经济学家兰帕德(1935)、德国经济学家廖什(1939)、美国经济学家 E・M・Hoover(1948)相继出版了《区位理论研究》《经济空间秩序》和《经济活动的区位》，将区位理论推向了成熟。传统区位理论主要局限在于：其研究是基于核心区域外生给定条件下进行的，同时假设消费者不会随供给者改变区位，而且其研究框架基于完全竞争和规模报酬不变。此外，传统区位理论对集聚的原因缺少关注。

集聚是城市经济的一个核心问题，最早对聚集经济进行研究的是 Marshall(1920)。他认为知识溢出、地理上的集中有利于信息传递和技术创新，劳动力的集聚对企业雇佣劳动力和劳动力就业有利，同时也有利于本地市场前向后向发展。

Jocobs(1969)认为非市场的外部性信息和技术溢出导致了集聚，但是由于缺少明确的模型把规模经济和不完全竞争这种常态纳入研究而难以令人信服。

Dixit & Stiglitz(1977)建立了一个垄断竞争模型即D-S模型，这个模型的建立为新经济地理理论的发展扫除了障碍。新经济地理主要研究空间经济活动的集聚现象，它解释经济活动发生在何处并且为什么发生在此处。

此后，日本经济学家 Masahisa Fujita、美国经济学家 Paul Krugman 和英国经济学家 Anthone J.Venablcs 为代表的新经济地理学派以 D-S 模型和冰山成本为基

[3] 约翰・海因里希・冯・杜能该书被认为是现代西方区位理论的奠基之作。

础深入研究了人口和经济集聚累积因果机制，并建立了迁移驱动模型(Krugman1991 年) 和投入—产出联系驱动模型(Venables，1996 年)。

Fujita et al(2000) 和 Venables(1996)仔细研究了城市化对经济增长作用的微观机制，建立了人口流动和经济活动的要素流动驱动模型以及投入产出联系模型。在其理论模型的分析框架中，证明了人口和企业经济活动的地理空间上的聚集能够产生劳动力市场池、技术和信息的共享性和外溢性，企业的需求关联和成本关联循环累积因果效应等诸多方面的外部经济性。城市化就是通过空间的集聚效应和规模效应共同推动了经济的增长。

饶会林(1985)从城市空间结构角度分析了城市对经济增长的促进作用，他认为城市可以通过密度效益、布局效益和形态效益促进经济增长，也可以说城市通过规模效应和提高资源的配置效率推动经济增长[4]。

冯云廷(2005)认为企业间的比较利益、选择利益、互补利益构成的关系链形成了城市化集聚的内在动力[5]。城市聚集的实现是城市经济与地方经济共同作用的

---

[4] 饶会林 1985.《试论城市空间结构的经济意义》是我国最早从空间结构研究城市化与经济增长关系的文章。

[5] 冯云廷（2005）对此解释是，城市聚集是经济决策主体谋求对他们最有利的地点来发展的过程，这些地点必然具有地理上和生产效率方面的优势。比较优势只是导致聚集的必要条件，而非充分条件，这种优势并不足以使不同空间发生相互关系和作用，只有存在利益关系的前提条件下，才能够导致要素流动。比较利益是企业、家庭和公共机构在无市场进入障碍条件下选择定位区域的动力。但是，仅有比较利益不足以产生集聚，只有将其内在比较优势转化为竞争优势，才能够吸引资源和要素空间转移和集聚。互补利益是在比较利益基础上建立起来的聚集动力组成。如果不存在互补利益，经济活动就可以分散进行，而不必要聚集为城市。选择利益是指不同区位的利益单位受资源和经济要素支配能力以及外部环境的制约，选择能够给自身带来最大利益的区位。

结果。

### 3. 内生增长理论

20 世纪 80 年代中期，保罗·罗默和卢卡斯在新古典经济增长理论的基础上把人力资本和知识资本包括进资本里面，并且内生化提出了内生增长理论。内生增长理论把知识看做经济增长的原动力，把人力资本和物质资本视为增长的关键，由于知识不同于物质产品，支出在于它具有外溢性，这就是经济能够保持长期增长的原因所在。

Lucas(1988)把舒尔茨人力资本理论与索罗模型相结合构建了一个人力资本溢出模式认为，城市地理空间上人口和企业经济活动的集聚是知识扩散以及技术创新生成的重要原因。现代经济发展中，技术创新和知识溢出最容易在空间距离接近的个体之间产生，而城市恰好为人们彼此间相互接近提供了机会。

Segal(1976)在美国实证调查研究发现，大城市的全要素生产率比普通城市至少要高 8%，说明城市集聚效应是提高全要素生产率的重要基础。

Carofalo and Fogarty(1988)发现当城市人口增加时，作为经济增长内生动力的全要素生产率会明显提高。

Guerrero and Sero(1997)研究发现，技术创新和经济增长通过城市自然连接在一起，他们发现西班牙创新活动的 50%以上集中在马德里和巴塞罗那两地，而这两个城市的 GDP 也占全国的 31%。这充分表明创新活动具有高度地理集中的特性。城市具有人力资本形成优势。城市集中了所有高水平的高等院校和职业培训机构，使得人们在城市更容易接受好的教育，提高自身的技能，促进人力资本水平的提升和积累，使城市成为经济增长的引擎(Bertinelli 2004)。

从上述相关研究可以发现，城市化在内生增长理论框架里主要通过技术创新与扩散，知识溢出和人力资本形成中介效应推动经济增长。

### 4. 新古典经济学

新兴古典经济学利用超边际分析工具分析了城市化与经济增长的关系。杨小凯、张永生(2000)认为，城市人口和企业集聚深化了企业间和个人间的分工与合作，并最终形成专业化生产，提高了生产的效率，促进经济增长。新兴古典城市化理论认为，如果交易者处于分散状态时，彼此之间的交易费用随着市场的扩大将会成倍扩大，当所有的交易者集中在一点集中生产和交易，就会大幅度降低运输费用，提高交易效率。

赵红军(2005)认为，企业和消费者在城市的集中有利于市场的扩大，降低交易成本，提高交易效率和生产效率，推动经济增长。

### 5. 非均衡增长理论

佩鲁(1955)提出的增长极理论认为，具有创新能力的企业在某些地区和城市聚集形成经济活动中心恰似增长极能够产生吸引或辐射作用促进城市和周边地区的经济增长。

廖尔达尔(1957)循环累积因果理论认为，个地区经济发展的差异性是地理上二元经济产生的主要原因，发展差距引起了累积因果循环，使得经济发展速度快的地区更快，发展速度慢的地区更慢。

赫希曼(1958)在其《经济发展战略》一书提出，非均衡经济增长战略是不可以实现的，而更为常见的是非均衡增长战略。他认为，经济发展过程中，一些地区(城市)快于其他地区(农村)，不平衡增长是为了实现高水平、高层次平衡增长的目的。

弗里德曼(1964)认为，经济活动在空间维度具有很大的极化效应与扩散效应，城市作为区域经济的增长中心与其周边农村地区可以通过极化与扩散效应互相作用，带动整体区域经济的增长。

## 1.2.2 城市化与经济增长实证研究

相比较城市化与经济增长理论研究，国内外学者更多地做出了实证研究，主要集中在城市化与经济增长的相关性、作用机制、路径、影响方式等方面。

### 1. 城市化与经济增长相关性实证研究

实证研究方面，美国经济学家兰帕德发表了一篇名为《经济发达地区城市发展历史》的文章，文章中指出，近百年来美国的经济增长和城市化的推进表现出很大的一致性，进一步的计算分析结果揭示出经济增长和城市化之间关系呈现出一种显著正向相关性。

贝里(1965年)选取世界上近百个国家的43个变量进行主成分分析，发现城市通过有关经济、教育、技术以及人口等因子影响经济增长，城市化与经济增长之间存在着正相关关系。

Henderson(2000)通过计算世界不同国家的城市化水平与人均国内生产总值对数变量之间的关系，结果显示二者相关系数高达0.85。此外，Henderson(2004)通过静态的城市模型、传统的两部门模型以及新经济地理模型，从理论上论证了城市化与经济增长之间存在着正相关关系，同时强调这种正相关关系的成立依赖于政府政策、制度和城市间互动等因素。他还指出，城市化演进与经济增长存在某种“动态关系”。当城市化的程度达到一定水平时，低效率的过度城市化将出现。

钱纳里(1988)利用世界上101个国家1950—1970年的经济发展水平和城市化水平数据进行分析，发现人均国民生产总值与生产结构、劳动力配置以及城市化水平相对应。

Davis & Henderson(2003 年)研究结果表明城市化与人均国内生产总值之间呈S 型曲线关系，在经济发展初期，城市化水平上升较慢，接着快速增长，然后变缓慢。

Shatter & M00maw(1996 年)对城市化和人均国内生产总值、工业化水平、外商直接投资、出口贸易额以及农业产出水平进行多元回归分析，结果城市化与工业化、出口增长、人均 GDP 以及 FDI 存在正向促进关系，与农业部门的产出存在反向相关关系。

Mccosker & Kao(1998)利用柯布道格拉斯函数，采用非平稳面板数据，建立城市化与经济增长的关系，结果显示二者之间呈显著正相关关系。

我国学者周一星(1997)利用世界上 157 个国家以及地区的数据进行处理分析，分析经济增长和城市化之间存在着极为明显的相关关系。

刘志彪等(2008)的实证结果证实，中国的长三角地区城市圈中，不同规模等级的城市共同推动了长三角区域经济的增长，城市化水平和经济增长存在着显著的正向相关关系。城市群起到了拉动经济增长的引擎作用，要素在城市群之间的自由流动起到了资源优化配置作用，同时城市群的形成促进了生产要素的集聚性产生更大的外部经济性，加快了知识的传播与扩散，提高了科技创新效率，推动了经济增长。

成德宁(2004)利用世界 76 个国家的人均国民生产总值以及城市化水平建立了对数曲线模型，实证结果显示城市化与人均国民生产总值之间的对数曲线关系相关系数高达 0.82。

徐雪梅和王燕(2004)利用我国 266 个地级市数据对上述模型进行了验证，并且发现在其他条件不变情形下，城市化每提高 1%，可以拉动 GDP4.17%。

Henderson(2010)运用跨国数据计算分析了城市化与经济增长关系，发现中国城市化滞后于经济发展阶段。

**2．城市集聚效应、规模与经济增长实证研究**

Fujita & Krugman(1995)认为企业利润随着市场规模增加而上升，企业将向市场规模较大地区集中，企业的集中又将提高这些市场的规模，所以市场集聚和经济增长之间存在互相强化的内生关系。

Baldwin & Martin(2004)和 Brown & Rigby(2008)都认为，地区规模的外部性效应和集聚效应的显著存在是推动地区经济不断发展和增长的因素。

Brulhart & Shergami(2008)根据 105 个国家和地区 1960－2000 年的面版数据，运用横截面 OLS 和动态面版 GMM 估计方法，分析了城市化演进中的集聚对经济增长的作用，结果表明城市化集聚对经济增长有正向作用具有一定的前提或界限。

Henderson(2000 年)估算出了城市化规模与劳动生产率之间关系，并指出了最佳城市人口规模数量，在此基础上利用中国数据估算出中国的劳动生产率与城市化关系，它认为中国户籍制度存在阻碍了城市人口规模的扩大，进而影响到劳动生产率的提高，如果一半的中国城市达到最佳人口规模，将会带来 40%的劳动生产率提高。

Luisito & Bertinelli(2003)构造城市化、城市集中和经济增长的半参数模型，分析了城市化以及城市集中度对发展中国家的影响，结果表明城市集中和经济增长存在倒 U 形关系。

Frederic Howe(1915 年)指出，城市永远是文化、科学、发明、工业的中心。依赖劳动力分工和由此带来的财富，城市越来越大，分工越来越细，因此财富的生成更加容易。

Evans(1972)指出城市形成的规模经济和城市经济，使得劳动者之间的分工不断深化，专业化程度不断加强，运输成本的降低，信息交流更为便捷给生产者和消费者带来农村无法比拟的好处，导致城市规模不断扩大。

Mills(1979)指出，对外开放导致城市的运输枢纽重要性加强，此外，对外开放加速了市场流通和信息交流以及金融发展，发挥了城市的区位优势。

王小鲁(2002)通过建立城市规模收益函数分析发现：城市人口具有最佳收益规模，与最佳收益规模相比较，中国城市人口规模普遍没有达到最优。加快城市化步伐使得中国最佳人口规模城市增加可以极大促进经济增长。此外，最佳人口规模的城市与规模不足城市相比，全要素生产率也更高。随着城市规模上升，人均 GDP 也在增加。

### 3．城市化、人力资本积累与经济增长实证研究

贝洛克(1991)认为城市人口的高密度有利于信息的传播以及人们彼此的交流，使得新技术容易在不同部门之间扩散；此外城市作为区域教育和科研中心也为创新提供了环境，这一切都促进了经济的增长。

Glaeser & Mare(2001)分别使用不同的方法估算出聚集经济随时间变化的效应，认为城市化有利于加快劳动力的人力资本积累速度，提高人均劳动生产率，促进经济增长。

Bertinlli & Black(2004)构建了一个描述城市化与经济增长的理论模型，他们认为，经济增长产生于人力资本不断积累的集聚的城市或地区。

Zhang(2002)发现，城市化有利于降低人口生育率以及促进人力资本积累推动经济增长。

沈坤荣、蒋锐(2007)使用中国数据进行实证检验，结果表明：城市化能够促进物质资本、人力资本、知识资本的积累进而推动经济增长，此外城市化通过农村富余劳动力转移，加速产业结构升级，促进经济增长。

沈凌和田国强(2009)认为，城市化能够影响高收入者消费需求进而影响新产品技术创新推动经济增长。

吴福象、刘志彪(2008)通过对长三角地区16个城市的研究发现，城市化有利于人力资本积累并促进专利生成推动经济增长。此外城市化还能够促进城市功能创新的固定资产投资效益推动经济增长。

程开明(2009)利用时序及横截面版数据的相关分析显示，我国城市化水平与技术创新之间高度正相关。

### 4．城市化、人口迁移与经济增长

城市化可以通过人口转移进而缩小收入差距，影响经济增长。许召元、李善同(2008) 使用中国省级面板数据分析了农村劳动力转移对中国经济增长的影响，结果显示中国经济增长的0.2～0.7个百分点可以归因于劳动力城乡之间转移。

世界银行(1996)利用中国1978—1995年间的数据，计算出农村剩余劳动力从生产效率低的农业部门转移到劳动生产率较高城市工业部门对中国经济增长贡献约为16个百分点。

Cai & Wang(1999)使用与世界银行同样方法计算出1978—1997年中国农村劳动力转移对经济增长的贡献约为20个百分点。农村劳动力非农化转移是改革开放以来支撑中国经济增长的重要因素。

世界银行(2005)又以2001年为基期，在假设劳动力不存在户籍约束情况下，计算劳动力转移对经济增长影响，结果显示，劳动力从农业部门转移对经济增长的贡献弹性系数约为0.7%。即农村劳动力每转移1%，可以推动中国的经济增长0.7个百分点。

### 5．城市化、产业结构与经济增长研究

库茨涅茨(1957)研究发现，城市化的发展与产业结构存在着密切联系并且相互制约，总体来说，城市化水平与第一产业呈负相关，与第二、第三产业呈正相

关关系。

江小涓、李辉(2004)通过构建多元回归模型发现，城市化水平对服务业就业具有极大相关性，通过提高城市化水平可以增加就业促进经济增长。

中国经济增长与宏观稳定课题组(2009)通过对世界 38 个国家地区 2007 年人均 GDP 和城市化进行回归发现，其服务业占据 GDP 比重随着城市化水平提高而增加，当城市化水平处于 75%以上水平时，服务业占 GDP 比重继续提高，但是工业占 GDP 比重开始降低至 30%以下。

韩守庆、郑文升(2003)提出，产业结构升级促进城市发展能力增强；另一方面，产业结构升级离不开城市空间的扩展和新城区建设的空间支撑和需求拉动，城市化与产业结构升级之间存在内在联动。

钱陈、史晋川(2006)根据城市集聚效应和工农业互动机制构建了城乡两部门模型，模型分析结果显示城市化水平不仅影响消费水平而且对农业产出具有影响，存在唯一鞍点使经济实现稳定增长。

### 6. 城市化、经济效率与经济增长研究

廖丹清、郭慧伶(2002)认为城市化具有缓解人多地少矛盾、实现土地规模经营、提高农业劳动生产效率、增加农民收入作用。

Raunch(1993)、陈宗胜(2000)认为随着农村人口流入城市，工农业部门间和农村内部的收入差距都将不断缩小。

王庆(2010)明确提出，放松对城市化的限制，将消除中国经济的重大扭曲。它有助于释放“压抑已久”的城市化需求，从而刺激私人消费和政府投资增长，推动内需经济增长。

### 7. 城市化、收入差距与经济增长

托达罗和罗尔斯认为，收入差距的缩小可以通过提高低收入者的消费需求以

及提高人们的工作热情从而提高经济效率促进经济增长。

曹裕、陈晓红、马跃如(2010) 基于 1987—2006 年省级面板数据协整分析我国城市化、收入差距与经济增长关系，研究发现三者之间存在长期稳定协整关系，实证结果表明城市化有利于城乡收入差距缩小，改变城乡收入差距对经济增长的抑制作用。

### 8. 城市化对经济增长的不利影响

当然，关于城市化与经济增长之间关系也存在着一些否定性观点。一些学者提出，城市也可能会因为成本上升过快而挤出工业，破坏经济增长的基石，而不再支持经济增长。

经济增长前沿课题组(2003)就指出，中国城市化的高价化(基础设施高投入、社会保障高追加)的倾向，使中国经济的持续增长面临巨大挑战。

Duranton & Puga(2004)和 Ioanides & Rossi-Hansberg(2005)为代表的学者从城市增长过程的成本与收益的角度论证了这种“动态关系”，他们指出，一旦城市化的成本高于其收益，城市化对经济增长的副作用将暴露无遗。

齐红倩、刘力(2000)认为目前的中国城市化模式下，并未能够真正实现农民的身份转换，他们的非农化收入得不到保障，因此这种城市化不能促进农民收入的增加进而扩大国内消费。

章铮等人(2009)对一对农民工夫妻一个孩子的家庭进城定居的基本生活成本进行了估算，发现他们至少要在城市连续工作 21 年，才能够满足其城市生活最基本条件。农民工进城定居面临的几个最大障碍是：住房、教育以及养老保障。其中住房问题是农民工最难以克服的城市化最大障碍。

施建刚、王哲(2011)利用 1987－2008 年中国省际面板数据结合联立方程模型，考察了经济增长与城市化之间的关系。结果显示，短期中国城市化与经济增长存在互相促进关系，但是长期来看，城市化与经济增长的互相促进良性循环机制还未形成。

### 1.2.3 相关研究评价与展望

综合上述研究可以发现，目前城市化与经济增长的研究主要集中在以下几个方面：城乡二元经济结构社会下，劳动力流动对经济增长的作用；城市化演进过程如何对经济增长产生影响；城市化与经济增长互动机制关系研究；企业和人口空间集聚对技术进步、科技创新以及知识溢出的影响；城市化、人力资本积累以及经济增长关系；城市化的发展路径、模式对经济增长的影响；城市化、产业结构和经济增长关系研究；城市化、收入差距和经济增长；城市人口规模与经济增长；政府政策对经济增长影响等几个方面。

这几个方面可以被概括为：城市化的内生机制、规模、路径模式(战略)、政策与经济增长关系的研究。

但是上述所有研究都没有涉及一个以出口导向为经济增长战略并已经形成了路径依赖的国家如何能够实现其经济发展模式向内需主导型经济转换，也就是如何才能够开启城市化或农转非内在需求，完成经济增长模式的这种转换。事实上，这正是我国当前面临的重要课题。在以往的研究中，无论是围绕经济增长如何影响城市化方式还是围绕城市化如何促进经济增长的效率这些命题，都没有给出一个明确的答案：内需开发的农转非过程与经济增长之间的内在机制是如何形成和有效互动的。在经济模式转换过程中，我们的目标是双重的，也就是，我们既要通过经济增长为农民变市民提供就业机会，也要通过城市化或农转非为中国未来经济持久增长寻找新的动力和引擎。这些恰恰是我们在本研究项目中要努力去完成的任务。

# 1.3 研究视角及方法

## 1.3.1 研究视角

目前有关城市化与经济增长关系的研究内容与相关文献庞杂浩如烟海。有的从城市化如何促进技术进步推动经济增长进行研究；有的从人口城乡间迁移角度研究城市对经济增长作用；有的从城市人口规模分布对经济增长影响进行研究；有的从城市化对消费影响进行研究；有的从城市化投入产出效率角度研究城市化与经济增长；有的从地理角度研究城市区位以及空间分布对经济增长的影响；有的从经济学角度对城市与聚集效应、城市与生产要素的关系等内容进行研究；有的从城市化过程中的制度变迁角度研究城市化与经济增长关系等等。与以往的研究不同，本选题立足于城市经济学、消费经济学与现代增长经济学理论，从国内需求扩大的视角，一方面探讨城市化对投资和消费的影响效应；另一方面研究城市化过程中劳动力如何实现优化配置推动内需经济增长。

城市化和中国经济增长的相关研究近些年来已经取得了较为丰硕的成果，但是现有文献缺乏从需求角度对中国经济增长进行深入研究。需求决定消费，消费决定生产，生产决定投资，投资与消费所组成的内需实际是由最终的消费需求所决定，消费需求不足恰恰是中国经济增长目前存在的最大问题。从最终需求的视角来看，构成一国经济增长的动力主要来源于消费需求、投资需求以及出口需求这三大部分，但是总需求构成的内需(消费、投资)和外需(出口)失衡，投资与消费的失衡(产业结构失衡)，同时也是导致中国经济目前增长乏力的主要原因。工业化创造供给，城市化创造需求，解决中国内需经济增长乏力的关键是要找到内需增长的动力来源，城市化所蕴藏的需求潜力使得其与扩大内需自然而然地联系起来。本选题以城市经济和其他相关经济理论为基础，从城市化如何影响消费需求和投资需求的视角出发，深入分析城市化作为中国经济增长新的动力来源的机制和路径。

城市化推动内需经济增长是建立在要素优化配置基础之上的。农村剩余劳动力作为经济增长过程中最重要的生产要素投入，其从农业部门转向城市非农部门的非农化过程本身就是资源的优化配置过程，这一过程的实现是受到一定条件约束的，如何消除这些约束条件达到要素优化配置是本选题从需求角度研究城市化促进经济增长的另一个主要研究目标。

### 1.3.2 研究方法

本选题将综合运用城市经济学、现代经济增长理论以及消费理论等学科知识，系统而全面地探讨我国城市化对经济增长的贡献以及城市化成为经济增长新引擎和新的动力之源的机制、条件和路径。就研究方法来说，基于经济学视野的分析方法是贯穿始终的主要研究方法。首先，根据本研究的目标，我们将采用规范分析与实证研究相结合，突出实证研究的方法。在研究过程中，根据必要的假设，建立基本的分析模型，对城市化推动经济增长机制进行分析，这是理论创新的重要组成部分。根据本研究的重点和难点，再利用统计、计量分析方法，进行实证研究，从而使得出的研究结论真实而可信。其次，更重要的是，要对实证研究的结果进行系统的理论思维，提出具有反映我国城市化与内需主导型经济增长的理论，并将其一般化。

# 1.4　论文结构安排

## 1.4.1　研究目标

研究的总目标是，在我国经济增长由出口导向为主导的战略转向内需主导战略的背景下，探讨如何开启城市化或农转非的内在需求，完成经济增长模式从外部需求依赖型向内部需求主导型的转换。同时，全面而深入地研究城市化对经济增长的贡献以及城市化成为经济增长新引擎和新的动力之源的机制、条件和路径，从而为国家的经济增长政策调整提供依据。

## 1.4.2　研究内容

为了实现上述的研究目标，本课题共分为7章，各章的主要内容如下：

**第1章，绪论**

阐明论文选题背景与选题意义，回顾相关理论和实证研究动态并展开文献综述，提出研究视角、研究方法、研究目标、研究内容以及技术路线，总结研究难点、创新和不足之处。

**第2章，增长模式的转换：从外生需求到内生需求为主导**

通过统计描述，从中国经济增长的消费结构、投资结构和进出口结构三个方面回顾了中国经济增长的典型化事实。在此基础之上分析了中国经济增长模式的特征，然后指出了中国出口导向型经济增长所面临的困境与挑战，认为中国必须实现出口主导型经济增长向内需主导型经济增长的转变才能够保持经济持续稳定健康成长。最后分析了内需主导型经济增长的内涵、基础以及动力，明确提出城市化是实现内需主导经济增长的动力选择。

**第 3 章，城市化推动内需经济增长的作用机制**

首先构建一个城乡二部门模型，分析农业产出和非农产出与城乡人口结构的关系，并建立需求与城市化水平的一般均衡关系。然后在此城乡二部门模型框架内分析基于城乡需求差距的农转非对非农产品需求的影响。分析结果显示，农转非过程能够自动产生消费需求增长效应、收入增长效应、需求引致效应推动国民经济规模不断扩大。最后，根据影响农民迁移、政府投资以及企业投资因素之间相互关系建立城市化推动内需经济增长因果关系链，归纳总结城市化推动内需经济增长的作用机制，并提出相应的理论命题留待实证检验。

**第 4 章，城市化推动内需经济增长的实证分析**

在上一章的理论机制研究基础上本章提出理论命题并加以实证检验。首先用 GRA 法(灰色关联法)分析城市化和经济增长之间互动影响因素，在此基础上检验城市化推动内需经济的主要机制。城市化与经济增长组成了一个互为促进关系的动态系统，在这一系统中各因子相互作用推动了城市化和经济的发展。其次，使用向量误差修正模型对城市化推动内需经济增长的贡献进行估计和因果关系检验。最后，利用建立生产函数的方法估计劳动力迁移对经济增长的贡献。

**第 5 章，城市化推动内需经济增长的实现条件**

经济增长模式的转换是在一定约束条件下做出的选择，农转非虽然能够内生性推动内需经济增长，但是启动农转非这一进程是需要来自外部的推动力。本章首先利用非农产品产出模型对启动农转非的外部动力条件——政府支出、出口需求和农民财富变现——推动农转非进程机制进行分析研究，其次重点研究了农民土地财产变现条件的实现途径。

**第 6 章，城市化推动内需经济增长的路径与模式**

首先回顾中国城市化发展道路，并对不同发展阶段的城市化模式特征进行总结。然后研究城市化演进机制和城市化路径，最后在此基础上提出中国的城市化模式的选择。

**第 7 章，城市化推动内需经济增长的政策调整**

本书主要就城市化的政策调整依据和调整方向做出阐述。

### 1.4.3 研究框架与技术路线

根据本研究方法主要特征，技术路线设计如下：

首先，通过文献回顾，考察国内外关于城市化与经济增长关系的研究成果，使我们的研究具有前沿性。其次，对中国经济增长模式的现状及特征作基本分析和描述，目的是提出问题，并阐述问题提出的背景和研究的实用价值与理论意义。

第二，进行理论创新研究部分。首先建立一个理论分析框架，对城市化推动内需经济增长的作用机制进行研究分析，然后在其基础上提出理论假设并进行实证检验。

第三，提出这些机制发生作用的前提条件并就这些实现条件进行路径、模式研究，然后就城市化推动经济增长提出一个新的解决方案。同时，提出相应的政策性取向。

图 1-1 给出了研究的框架。

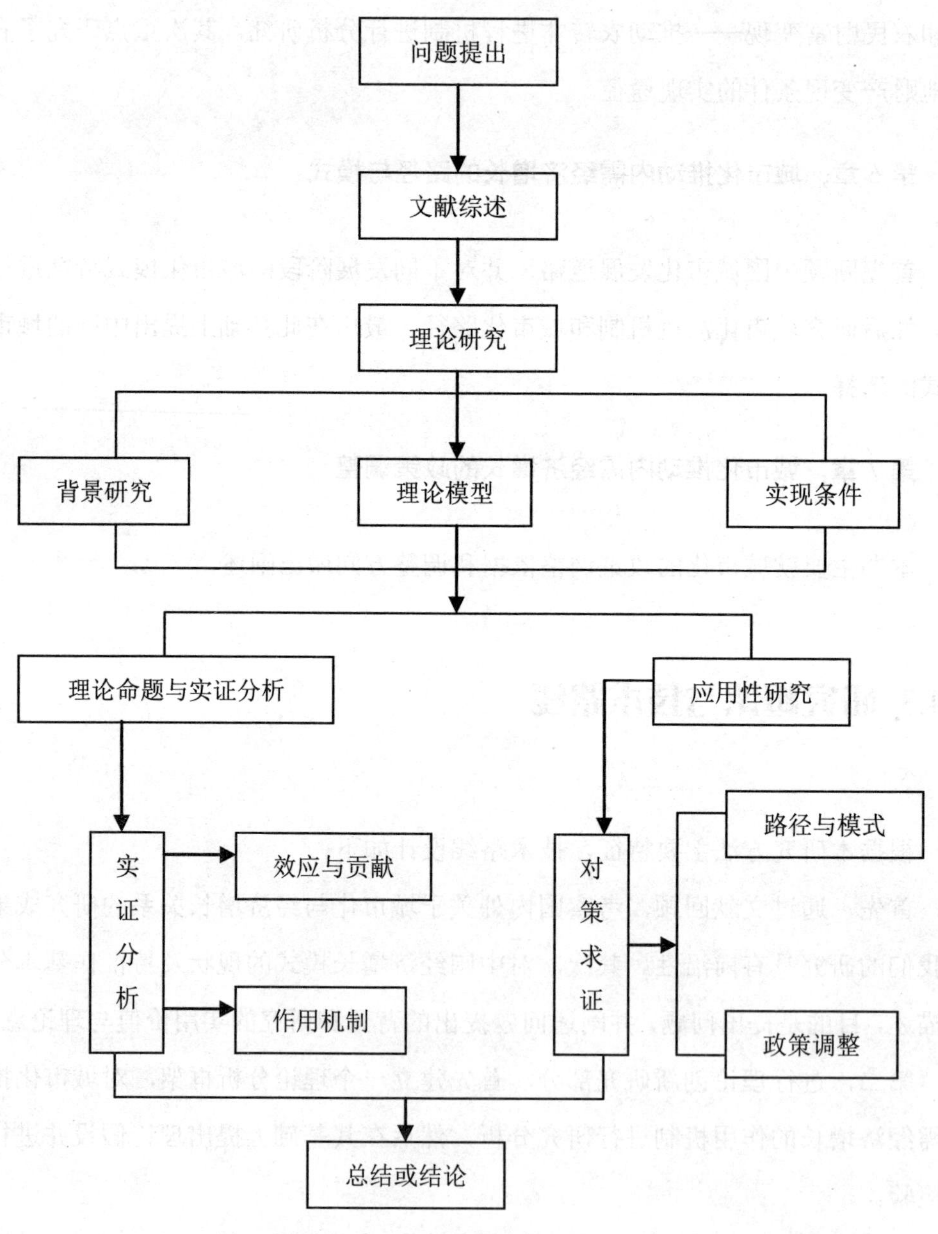


图 1-1　总体研究框架

从图 1-1 中可以看出：本选题围绕两条主线：

一条是从需求角度研究城市化扩大内需的机制与理论假设和实证，重点讨论城市化与内需经济增长的相互关系，影响内需的主要因素以及促进内需的机制。

另一条是从要素供给优化配置角度探讨城市化促进内需的实现条件、途径和目前城市化促进内需过程中存在问题以及政策调整。在此基础上对如何保证我国城市化促进内需经济得以实现提出相应的政策建议。

# 1.5 难点与创新

## 1.5.1 难点

该选题的难点就是，如何构造一个城市化驱动内需经济增长的内在机制，并将这个机制建立在以市场力量为主配置资源的基础之上。显然，这个问题解决好了，城市化推动的内需型经济增长战略才能够付诸实际行动。

## 1.5.2 创新

在对该选题的研究过程中，笔者主要在以下 3 个方面进行了一定程度的探索，形成了自己的一些新的观点、见解和主张。

理论和实证两方面揭示了一国的城市化与该国的经济增长是一对互为内生的

经济现象。以往的研究主要立足于新古典增长理论，从城市化对经济增长投入要素即人力资本、物质资本、技术创新影响的角度来剖析城市化与经济增长的联系或者从城市化与产业结构、就业角度研究二者之间关系。笔者与以往研究不同在于从城市化内在需求视角分析农转非过程中需求变化所产生的增长效应对内需经济增长的作用机制。这可能是本研究的一个创新，提出了城市化与经济增长互为内生的观点，认为城市化过程中所蕴藏的需求潜力使得城市化自身就成为经济增长的一个要素。同时又对这一命题进行了实证检验，具有很强的说服力。将投资需求划分为城市化过程内生投资需求和外生性投资需求，内生于城市化过程的投资需求对经济增长促进效果明显且持续性强，而外生于城市化需求的投资需求一般对经济增长推动效果短期内有效而长期无效。

# 第 2 章　增长模式的转换：从外生需求到内生需求为主导

## 2.1　中国经济增长的典型化事实

从 1978 年至 2010 年改革开放以来的 32 年时间里，中国的国民经济增长率平均达到了 9.8%，人均国民生产总值从改革开放前的不到 300 美元增加到现今的 5 432 美元，GDP 总量增加了近 27 倍；2011 年中国的国内生产总值更是超过日本，达到了 47 万亿元人民币，成为世界上仅次于美国的第二大经济大国。但是，在中国历史上最伟大的经济增长奇迹的背后也隐藏着许多问题，虽然我们的国内生产总值位居世界第二位，但是人均收入却排名世界后列，依然有上亿的人口处于国际贫困线以下，国民之间收入差距，城乡之间的收入差距依旧呈扩大趋势，国内居民消费需求长期低迷，内需增长乏力。特别是面对当今萧条的国际市场需求，中国的经济增长受到了内外部市场需求不振的双重打击。如何在这样的困境之中寻找出新的经济增长动力，对未来保持中国经济持续稳定增长具有极其重要的意义。

针对中国经济增长的主要动因，学术界存在着许多不同的观点，不同的专家学者由于研究的视角和出发点不同，因此给出了不同的原因。劳动经济学从劳动力生产要素转移出发，认为劳动力从生产效率低下的农业部门转移到城市劳动生产率高的现代工业部门促进了生产率的提高，推动了经济增长；人口学家从中国人口红利角度出发，认为多年来的低人口抚养比带来的人口红利促进了中国的经济增长；制度经济学家认为中国特殊的政治体制使得政府有更多的力量参与经济建设，大规模的政府主导的资本要素的投资建设是劳动中国经济增长的主要原因；部分发展经济学家认为，城乡二元经济结构使得中国农村积累了大量的剩余劳动力，这些剩余劳动力的存在使得中国能够以极低的劳动力生产成本占领国际市场，最终形成了出口导向型经济增长；产业经济学家从中国产业结构变迁的角度认为，中国产业结构的工业化发展促进了经济增长；此外还有许多经济学家认为人力资本积累和技术创新水平的不断提高是中国的经济增长主要动因。上述研究表明，构成中国经济增长的主要动力主要来自于产业结构转换效应，制度变迁推动效应，劳动力和资本生产要素配置效应，技术进步创新效应等几个方面，它们共同的特征就是基于供给研究视角去分析中国经济增长的动力。与上述研究不同，笔者尝试着从需求视角去研究分析中国经济增长的直接原因和目前存在的主要问题。

### 2.1.1 中国经济增长模式统计描述

出口需求、居民消费需求以及投资需求是拉动一国经济增长的主要动力也被称之为拉动经济增长的三驾马车。这三大需求在经济增长中的地位、作用构成经济总量的比重决定了一国的经济发展模式。虽然从需求推动经济增长作用方面看，它们三者的作用相同，但是从增长模式角度看，究竟中国经济增长是出口主导型，还是投资拉动型，或者是内需主导型，目前还存在着不同的意见和观点。如果从对经济增长的贡献率来看，国内需求一直是拉动中国经济增长的主要力量，从这方面讲，中国属于内需主导型经济增长；如果从三大需求拉动经济增长的百分点来看，中国毫无疑问属于投资主导型的经济增长；如果从国内生产总值的构成来看，中国又属于出口主导型经济增长。笔者认为把中国的投资需求和消费需求放在一起去考虑国内需求对经济增长的贡献，会高估了内需的作用而掩盖了居民消费需求不足对经济增长的抑制作用，因此这种定义经济增长模式的方法不具有可取性[1]。从中国目前学术界已经取得的共识看，中国经济增长模式绝对不属于内需主导型模式，而是属于投资和出口拉动交替推动型。从构成中国国内生产总值构成角度出发以及出口需求对中国经济增长稳定性出发，笔者认为中国经济增长属于出口主导型经济增长，具体原因在后文进行解释说明。此外，构成中国经济增长的总需求三驾马车相互之间存在着互动关系且对经济增长的拉动效应是不断发生变化的，其中消费需求是最重要、最根本的需求也是最终的需求，消费需求的动态变化驱动产业结构的变化，而产业结构的变化引致投资结构的变化。

(1) 消费需求结构指标。改革开放以前，中国为了建立完整工业体系，实行低消费、高积累的分配政策，因此，投资率增长较快，而消费率不断下降，这也基本符合低收入水平国家工业化初期消费一般规律。1978 年以后，我国消费率变动见表 2-1。1978 年，我国最终消费率为 62.1%，2010 年为 47.4%，比 1978 年下降了 14.7 个百分点；而同期，政府消费占 GDP 支出的比重从 1978 年的 13.5%上升到 2010 年的 13.6%，比 1978 年上升了 0.1 个百分点；在此期间，居民消费占 GDP 比重下降，从 1978 年的 48.6%下降至 2010 年的 34.3%，比 1978 年下降了 14.3 个百分点。其中城乡消费率呈反方向变动，城市居民从 18.4%上升至 26.1%，提高了 8.3 个百分点；农村居民消费率从 30.2%下降至 8.2%，下降了 22 个百分点。2009 年世界最终消费率平均水平为 76%；居民平均消费率为 61%，其中低收入国

[1] 根据本研究观点，政府投资可以划分为两大类型，一种是外生于市场经济需求之外的投资，它在短期内对刺激经济增长作用较大；另一类为内生于市场经济之内的需求，对经济增长长期有效，例如改善民生类的投资。政府外生投资有可能形成资产泡沫反而阻碍居民消费增长。

家分别为 80%和 70%。数据表明，我国最终消费率不仅低于世界平均水平而且低于低收入国家平均水平。

表 2-1　1978～2010 年全国最终消费率、城镇居民、农村居民、政府消费状况

| 年份/年 | 最终消费率/(%) | 政府消费率/(%) | 城镇居民消费率/(%) | 农村居民消费率/(%) | 政府占最终消费比例/(%) | 城镇居民占最终消费比例/(%) | 农村居民占最终消费比例/(%) |
|---|---|---|---|---|---|---|---|
| 1978 | 62.1 | 13.5 | 18.4 | 30.2 | 21.4 | 27.89 | 51.31 |
| 1979 | 64.4 | 14.7 | 18.5 | 31.2 | 23.6 | 28.7 | 48.5 |
| 1980 | 65.5 | 14.2 | 19.7 | 31.6 | 22.5 | 30.1 | 48.2 |
| 1981 | 67.1 | 13.5 | 20.0 | 33.6 | 21.8 | 29.8 | 50.1 |
| 1982 | 66.5 | 12.3 | 19.7 | 34.5 | 21.9 | 29.6 | 51.8 |
| 1983 | 66.4 | 13.2 | 18.5 | 34.7 | 21.7 | 27.9 | 51.3 |
| 1984 | 65.8 | 14.5 | 18.0 | 33.3 | 22.8 | 27.4 | 50.8 |
| 1985 | 66.0 | 14.8 | 18.6 | 32.6 | 21.7 | 28.8 | 50.6 |
| 1986 | 64.9 | 13.5 | 19.3 | 31.4 | 22.3 | 30.1 | 49.0 |
| 1987 | 63.6 | 13.7 | 19.5 | 30.4 | 21.5 | 31.2 | 48.7 |
| 1988 | 63.9 | 12.8 | 21.2 | 29.9 | 20.0 | 33.7 | 47.7 |
| 1989 | 64.5 | 14.1 | 21.3 | 29.1 | 21.1 | 34.1 | 46.5 |
| 1990 | 62.5 | 13.3 | 21.5 | 27.7 | 21.8 | 35.0 | 45.1 |
| 1991 | 62.4 | 14.7 | 21.6 | 26.1 | 23.9 | 35.5 | 42.9 |
| 1992 | 62.4 | 15.7 | 22.1 | 24.7 | 24.4 | 36.9 | 41.1 |
| 1993 | 59.3 | 14.0 | 22.6 | 22.7 | 25.1 | 38.6 | 39.01 |

续表

| 年份/年 | 最终消费率/(%) | 政府消费率/(%) | 城镇居民消费率/(%) | 农村居民消费率/(%) | 政府占最终消费比例/(%) | 城镇居民占最终消费比例/(%) | 农村居民占最终消费比例/(%) |
|---|---|---|---|---|---|---|---|
| 1994 | 58.2 | 13.7 | 22.5 | 22.0 | 25.3 | 39.2 | 38.4 |
| 1995 | 58.1 | 12.0 | 23.4 | 22.7 | 22.8 | 40.7 | 39.4 |
| 1996 | 59.2 | 11.8 | 23.2 | 24.2 | 22.7 | 39.3 | 41.0 |
| 1997 | 59.0 | 12.2 | 23.4 | 23.4 | 20.3 | 40.0 | 40.0 |
| 1998 | 59.6 | 12.5 | 24.5 | 22.6 | 24.0 | 41.4 | 38.1 |
| 1999 | 61.1 | 13.4 | 25.6 | 22.1 | 24.7 | 42.63 | 36.47 |
| 2000 | 62.3 | 14.3 | 26.5 | 21.5 | 25.5 | 43.3 | 35.2 |
| 2001 | 61.4 | 13.5 | 26.7 | 21.2 | 26.1 | 43.4 | 34.4 |
| 2002 | 59.6 | 13.3 | 25.6 | 20.7 | 26.1 | 43.9 | 33.8 |
| 2003 | 56.9 | 13.6 | 25.4 | 17.9 | 25.8 | 45.7 | 32.3 |
| 2004 | 54.4 | 12.9 | 24.7 | 16.8 | 25.5 | 46.5 | 31.6 |
| 2005 | 52.9 | 14.3 | 28.2 | 10.4 | 26.7 | 53.1 | 19.6 |
| 2006 | 50.7 | 12.9 | 27.9 | 9.9 | 27.1 | 53.6 | 19.0 |
| 2007 | 49.5 | 13.4 | 26.9 | 9.2 | 27.3 | 54.1 | 18.6 |
| 2008 | 48.4 | 12.6 | 26.8 | 9.0 | 27.4 | 54.4 | 18.3 |
| 2009 | 48.2 | 13.2 | 26.7 | 8.3 | 27.4 | 55.4 | 17.2 |
| 2010 | 47.4 | 13.6 | 26.1 | 8.2 | 28.7 | 55.1 | 17.4 |

资料来源：国家统计局数据整理。

从消费需求对经济增长的贡献率来看，消费需求是拉动中国经济增长最有效的主要力量，但是存在弱化趋势。表 2-2 表示 1978 年以来消费需求对经济增长的贡献。

表 2-2　1978—2010 年三大需求对国内生产总值的贡献率与拉动

| 年份/年 | 最终消费支出 | | 资本形成总额 | | 货物与服务净出口 | |
|---|---|---|---|---|---|---|
| | 贡献率/(%) | 拉动/(百分点) | 贡献率/(%) | 拉动/(百分点) | 贡献率/(%) | 拉动/(百分点) |
| 1978 | 39.4 | 4.6 | 66.0 | 7.7 | −5.4 | −0.6 |
| 1980 | 71.8 | 5.6 | 26.4 | 2.1 | 1.8 | 0.1 |
| 1985 | 85.5 | 11.5 | 80.9 | 10.9 | −66.4 | −8.9 |
| 1990 | 47.8 | 1.8 | 1.8 | 0.1 | 50.4 | 1.9 |
| 1995 | 44.7 | 4.9 | 55.0 | 6.0 | 0.3 | |
| 2000 | 65.1 | 5.5 | 22.4 | 1.9 | 12.5 | 1.0 |
| 2001 | 50.2 | 4.2 | 49.9 | 4.1 | −0.1 | |
| 2002 | 43.9 | 4.0 | 48.5 | 4.4 | 7.6 | 0.7 |
| 2003 | 35.8 | 3.6 | 63.2 | 6.3 | 1.0 | 0.1 |
| 2004 | 39.5 | 4.0 | 54.5 | 5.5 | 6.0 | 0.6 |
| 2005 | 37.9 | 4.3 | 39.0 | 4.4 | 23.1 | 2.6 |
| 2006 | 40.0 | 5.1 | 43.9 | 5.6 | 16.1 | 2.0 |
| 2007 | 39.2 | 5.6 | 42.7 | 6.1 | 18.1 | 2.5 |
| 2008 | 43.5 | 4.2 | 47.5 | 4.6 | 9.0 | 0.8 |
| 2009 | 47.6 | 4.4 | 91.3 | 8.4 | −38.9 | −3.6 |
| 2010 | 36.8 | 3.8 | 54.0 | 5.6 | 9.2 | 0.9 |

资料来源：国家统计局网站。

1979－2010 年全国投资水平变动情况见表 2-3。

表 2-3　1979－2010 年全国投资水平变动情况

| 年份/年 | 投资率/(%) | 年份/年 | 投资率/(%) |
|---|---|---|---|
| 1979 | 36.1 | 1995 | 40.3 |
| 1980 | 34.8 | 1996 | 38.8 |
| 1981 | 32.5 | 1997 | 36.7 |
| 1982 | 31.9 | 1998 | 36.2 |
| 1983 | 32.8 | 1999 | 36.2 |
| 1984 | 34.2 | 2000 | 35.3 |
| 1985 | 38.1 | 2001 | 36.5 |
| 1986 | 37.5 | 2002 | 37.9 |
| 1987 | 36.3 | 2003 | 40.9 |
| 1988 | 37 | 2004 | 43 |
| 1989 | 36.6 | 2005 | 41.6 |
| 1990 | 34.9 | 2006 | 41.8 |
| 1991 | 34.8 | 2007 | 41.7 |
| 1992 | 36.6 | 2008 | 43.9 |
| 1993 | 42.6 | 2009 | 47.5 |
| 1994 | 40.5 | 2010 | 48.6 |

数据来源：国家统计年鉴。

从表 2-2 可以看出，1985 年最终消费率对国内生产总值贡献率达到最高，达到了 85.5%，此后开始不断下滑。1997 年亚洲金融危机爆发，出口受阻，为此 1999

年政府首次提出消费启动，提高居民收入促进消费增长。国内消费需求得到有效扩大，1999—2000 年消费率提升了 2.4 个百分点，最终消费支出对国内生产总值的贡献率又提高到 65.1%。但是，此后随着 2002 年中国加入世界贸易组织，政策转向出口拉动经济增长，最终消费对经济增长贡献又开始大幅下降，2010 年中国最终消费对经济增长贡献率达到最低点只有 36.8%。

(2) 投资结构指标。从投资率来看，我国投资一直保持在一个较高水平，远高于世界 15%的平均水平。从投资的变动看，投资率一直处于 30%以上，而且变化不大较为稳定。从投资对经济增长的贡献看，投资在 2009 达到最高峰 91.3%，其次为 1985 年的 80.9%。

(3) 进出口结构指标。见表 2-4 显示，1978—2010 年，我国进出口贸易年均增长高达 16%，超过同期 GDP 增长 9.89%大约 6.1 个百分点，特别是 2002 年至金融危机前，年均增长速度超过 20%。因此，改革开放以来，中国对外贸易增长对经济增长起了很大推动作用。

**表 2-4　1979 年—2010 年中国 GDP 增长率与进出口增长率(%)**

| 年份/年 | GDP | 出口 | 进口 | 进出口 |
|---|---|---|---|---|
| 1979 | 7.6 | 40.1 | 43.9 | 42.1 |
| 1980 | 7.8 | 32.6 | 27.7 | 30 |
| 1981 | 5.2 | 15.3 | −2.7 | 5.9 |
| 1982 | 9.1 | 4.5 | −10.3 | −2.7 |
| 1983 | 10.9 | 1.7 | 6 | 3.6 |
| 1984 | 15.2 | 10 | 36.9 | 22.2 |
| 1985 | 13.5 | 12 | 66.6 | 39.8 |
| 1986 | 8.8 | 13.1 | 1.6 | 6.1 |

续表

| 年份/年 | GDP | 出口 | 进口 | 进出口 |
|---|---|---|---|---|
| 1987 | 11.6 | 27.5 | 0.7 | 11.9 |
| 1988 | 11.3 | 20.5 | 27.9 | 24.4 |
| 1989 | 4.1 | 10.6 | 7.6 | 8.6 |
| 1990 | 3.8 | 18.2 | −9.8 | 3.4 |
| 1991 | 9.2 | 15.7 | 19.6 | 17.5 |
| 1992 | 14.2 | 18.2 | 26.3 | 22 |
| 1993 | 14 | 8 | 29 | 18 |
| 1994 | 13.1 | 31.9 | 11.2 | 20.9 |
| 1995 | 10.9 | 22.9 | 14.2 | 18.7 |
| 1996 | 10 | 1.5 | 5.1 | 3.2 |
| 1997 | 9.3 | 21 | 2.5 | 12.2 |
| 1998 | 7.8 | 0.6 | −1.5 | −0.3 |
| 1999 | 7.6 | 6 | 18.2 | 11.3 |
| 2000 | 8.4 | 27.8 | 35.8 | 31.5 |
| 2001 | 8.3 | 6.7 | 8.2 | 7.4 |
| 2002 | 9.1 | 22.4 | 21.2 | 21.8 |
| 2003 | 10 | 34.7 | 40 | 37.2 |
| 2004 | 10.1 | 35.3 | 35.8 | 35.6 |
| 2005 | 11.3 | 27.6 | 16.9 | 22.4 |
| 2006 | 12.7 | 23.9 | 16.8 | 20.6 |

续表

| 年份/年 | GDP | 出口 | 进口 | 进出口 |
|---|---|---|---|---|
| 2007 | 14.2 | 20.6 | 15.7 | 18.4 |
| 2008 | 9.6 | 7.3 | 8.5 | 7.8 |
| 2009 | 9.2 | −18.3 | −13.7 | −16.3 |
| 2010 | 10.4 | 30.5 | 38 | 33.9 |

数据来源：根据国家统计局网站数据整理计算

首先，从进出口依存度来看，1978－2010 年我国对外贸易进出口依存度(包括对外贸易出口依存度和对外贸易进口依存度) 总体上呈现不断上升的趋势，见表 2-5。具体分析，中国对外贸易发展大致可以划分为三个阶段。第一阶段为起步阶段(1978－1989 年) ，在此期间，我国对外贸易执行统一领导，分级管理，进出口外汇管理相当严格，出口依存度较低，但是随着对外开放的扩大呈现逐步增长的态势。进出口总额从开放初期的 206 亿美元增加到 1989 年的 1 117 亿美元，外贸依存度也从 9.7%上升至 24.5%，年均增加 1.3%。第二阶段为稳步发展阶段(1990－2002 年) ，这一阶段，我国政府采用价格、汇率、信贷和税收等优惠政策鼓励对外贸易，对外贸易出口实现持续增长，特别是 1994 年实现了汇率并轨，人民币对外大幅度贬值，对出口产生巨大的推动作用。当年，外贸依存度上升到了 42.3%，另一方面，出口规模骤增带动了进口的增长。在出口鼓励政策的刺激下，我国出口主导型的外贸基地初步形成，具有比较优势的劳动密集型产业迅速发展，推动了外贸依存度的稳步上升。第三阶段为快速增长阶段(中国入关至今) 。进入 21 世纪特别是中国加入世界贸易组织至今的 10 年间，中国进出口总额占国内生产总值的比重不断上升，对外贸易出口年均增长率 30%以上，年增加额达到了千亿美元以上。2010 年，外贸出口总额近 1.58 万亿美元首次超过日本，成为世界第一出口大国，进口总额达 1.4 万亿美元，紧随美国之后成为世界第二进口大国，进出口总额达 2.97 万亿美元，有望在未来 2 年内超过美国，成为世界第一贸易大国。

其次，从横向比较来看，我国对外贸易依存度在中国对外开放的初始阶段较低，经济增长主要依靠国内的需求拉动。但是进入 20 世纪 90 年代的中期，我国外贸依存度不仅高于世界平均水平而且高过美国、日本等经济贸易强国，也高于和中国相类似的一些发展中大国，从这一阶段开始中国的对外贸易对经济增长的拉动就已经起到了重要的支撑作用。

表 2-5　1978 年—2010 年中国外贸依存度变动状况(%)

| 年份/年 | 进出口外贸依存度 | 出口外贸依存度 | 进口外贸依存度 |
|---|---|---|---|
| 1978 | 9.7 | 4.6 | 5.1 |
| 1979 | 11.2 | 5.2 | 6 |
| 1980 | 12.5 | 6 | 6.6 |
| 1981 | 15 | 7.5 | 7.5 |
| 1982 | 14.5 | 7.8 | 6.7 |
| 1983 | 14.4 | 7.4 | 7.1 |
| 1984 | 16.7 | 8.1 | 8.6 |
| 1985 | 22.9 | 9 | 14 |
| 1986 | 25.1 | 10.5 | 14.6 |
| 1987 | 25.6 | 12.2 | 13.4 |
| 1988 | 25.4 | 11.7 | 13.7 |
| 1989 | 24.5 | 11.5 | 12.9 |
| 1990 | 29.8 | 16 | 13.8 |

续表

| 年份/年 | 进出口外贸依存度 | 出口外贸依存度 | 进口外贸依存度 |
|---|---|---|---|
| 1991 | 33.2 | 17.6 | 15.6 |
| 1992 | 33.9 | 17.4 | 16.5 |
| 1993 | 31.9 | 15 | 16.9 |
| 1994 | 42.3 | 21.6 | 20.7 |
| 1995 | 38.7 | 20.7 | 18.2 |
| 1996 | 33.9 | 17.7 | 16.2 |
| 1997 | 34.1 | 19.2 | 15 |
| 1998 | 31.8 | 18 | 13.8 |
| 1999 | 33.3 | 18 | 15.3 |
| 2000 | 39.6 | 20.8 | 18.8 |
| 2001 | 38.5 | 20.1 | 18.4 |
| 2002 | 42.7 | 22.4 | 20.3 |
| 2003 | 51.9 | 26.7 | 25.2 |
| 2004 | 59.8 | 30.7 | 29 |
| 2005 | 63.9 | 34.2 | 29.6 |
| 2006 | 66.9 | 36.8 | 30.1 |
| 2007 | 62.8 | 35.9 | 27.6 |
| 2008 | 57.3 | 32 | 25.3 |
| 2009 | 44.2 | 24.1 | 20.1 |
| 2010 | 50.3 | 26.7 | 23.6 |

数据来源：根据国家统计局网站数据整理计算。

最后，从我国对外贸易结构来看，我国对外贸易以一般贸易和加工贸易为主。2010 年，我国一般贸易和加工贸易之和占贸易总额的比重达到了 96.8%，其他贸易比重不足 4%。而一般贸易与加工贸易相比比重不断下降，加工贸易规模庞大，造成我国外贸依存度不仅高于世界平均水平而且高于世界发达国家水平。加工贸易在 20 世纪 90 年代逐渐成为我国主要对外贸易方式。1991 年加工贸易进出口总额占进出口总额 42.4%，1996 年首次超过 50%，1998 年达到峰值 53.4%，进入 21 世纪后一直保持在 47%以上。从出口贸易来看，一般出口贸易总额占对外贸易总额的比重从 1981 年改革开放初期的 95%下降至 2010 年的 43%，而对外加工贸易的比重占对外出口贸易额的比重从 80 年代初期的 7.8%上升到加入世界贸易组织后的 55%以上，说明我国目前出口贸易的主要方式为加工贸易。从中国进口贸易发展变动状况来看，改革开放初期主要以一般贸易方式为主，这一比重占进口总额比重为 92.5%，但是此后开始逐步下降直至 2010 年的 42%。同期中国对加工贸易总额占进口贸易总额比重从 8.7%上升到当前的 48.6%，一般贸易和加工贸易成为中国进口贸易的主要方式。

### 2.1.2 我国经济增长模式特征分析

需求结构的统计描述显示，从改革开放至今的 32 年时间里，中国的最终消费需求对经济增长平均贡献率为 48%，年均拉动经济增长 4.8 个百分点；固定资产投资对经济增长的平均贡献率 49.2%，年均拉动经济增长 5.2 个百分点；净出口平均贡献率为 2.8%，从统计数据结果看，似乎我国属于消费与投资双轮驱动经济增长的模式。但是，我们知道这种利用净出口计算出口对经济增长贡献率的方法显然低估了出口对经济增长的贡献。从表 2-5 能够看出，2010 年我国国内生产总值是 401 202 亿，出口额为 107 022.8 亿，出口总额占 GDP 比重高达 26.7%，而 2006

年出口占 GDP 比重更是高达 35.1%。由于净出口是出口减去进口，因此用净出口来反映出口对经济增长的拉动力显然会极大地低估出口对经济增长的拉动作用。我们知道对于中国这样一个大进大出的贸易大国与一个小进小出的贸易小国，有可能出现同样的净出口，但是对国内经济增长的贡献显然不会一样。事实上在消费和投资中存在着进口部分，这部分产品不是由国内需求带来的国内产出，因此不会对经济增长产生拉动作用。本文这里直接采用沈利生(2009) 的计算方法重新测算 2001－2010 三大需求对经济增长的贡献，计算结果见表 2-6。

表 2-6　2001—2010 年调整后三大需求对国内生产总值的贡献率与拉动

| 年份/年 | 最终消费支出 | | 资本形成总额 | | 货物与服务净出口 | |
|---|---|---|---|---|---|---|
| | 贡献率/(%) | 拉动/(百分点) | 贡献率/(%) | 拉动/(百分点) | 贡献率/(%) | 拉动/(百分点) |
| 2001 | 31.5 | 2.8 | 28.3 | 3.7 | 40.2 | 3.7 |
| 2002 | 24.9 | 2.7 | 26.6 | 3.7 | 48.5 | 4.2 |
| 2003 | 10.7 | 0.9 | 51.9 | 4.5 | 42.1 | 3.6 |
| 2004 | 19.3 | 1.9 | 35.0 | 3.5 | 45.7 | 4.6 |
| 2005 | 23.3 | 2.4 | 29.4 | 3.1 | 47.3 | 4.9 |
| 2006 | 26.3 | 2.9 | 29.6 | 3.3 | 44.2 | 4.9 |
| 2007 | 25.8 | 3.0 | 30.6 | 4.3 | 43.6 | 6.3 |
| 2008 | 23.1 | 2.7 | 36.4 | 3.9 | 40.5 | 3.7 |
| 2009 | 13.5 | 1.2 | 65.1 | 5.6 | 21.4 | 2.3 |
| 2010 | 15.5 | 3.3 | 49.8 | 4.6 | 34.7 | 1.6 |

资料来源：国家统计局网站。

计算结果表明，从 2001－2010 年，中国经济增长率一直保持在 10%以上的增速，其中消费对经济增长的贡献最小，平均大约在 20%作用；投资对经济增长平均贡献超过 35%；出口拉动的经济增长贡献最大，平均达到了 45%左右。因此，从三大需求对经济增长的贡献来看，我国属于出口主导型经济增长。再从最终消费率来看，2002－2010 年，最终消费占 GDP 比重从 2002 年的 59.6%下降至 2010 年的 47.4%；特别值得注意的是，在居民消费支出中，城市居民消费呈上升趋势而农村居民消费呈不断下降的趋势，农村居民消费不足是最终消费下降的主要原因。与消费需求下降趋势相反，中国投资需求却逐年上升，从 2000 年的 22.4%一路升至 2010 年的 54%，2009 年更是高达 91.3%。特别是 2008 年世界金融危机的爆发，中国外部需求受阻，而国内消费需求不振，为了保持经济稳定增长，政府出台了一系列投资措施，进一步推动了投资的上涨。此外，外贸易依存度数据显示，从 1978 年以来的三十多年时间中国对外贸易进出口依存度表现出整体上升趋势。远远超过了世界平均水平。这进一步说明我国属于出口依赖型的经济增长模式。

## 2.2　出口导向型经济面临的困境与挑战

城市化滞后于工业化发展形成的农村大量剩余劳动力和政府吃紧的财政难以提供更多的资金支持产业投资是我国采取出口导向战略的历史背景。在这样的背景下，我国在对外开放过程中借鉴了日本在内的一些东亚国家出口推动经济增长的经验，采取了出口导向战略。我国出口导向型经济通过利用廉价劳动力的比较优势融入全球产业价值链，引进外国直接投资以及进口高端产品并出口低端产品在取得令世界瞩目的增长奇迹同时也给中国经济增长带来了隐患。

### 2.2.1 出口导向经济造成了中国经济的内外失调

为了解决国内需求不足、产能过剩的矛盾，我国采取了出口导向经济增长战略，用出口来弥补国内需求不足。这种经济增长模式在一段时间里取得了极好的效果，特别是外汇改革后，用出口来弥补投资拉动经济所造成的需求不足起到了很高的作用。但是，这种增长战略所带来的问题也来越明显。这种经济增长模式首先造成了中国内外经济失衡。外部失衡主要表现为巨额的外贸经常账户顺差所带来的巨额外汇储备。这种超额的外汇储备主要以美元存在，随着美国经济的衰退以及美元贬值速度加剧，我国以美元形式存在的外汇资产价值缩水，带来的经济损失不断加重。此外，巨额的外汇储备使中国不断面临人民币升值的压力，人民币升值和世界性的金融危机使得中国出口依赖型经济严重受阻，加大了中国经济下行的压力。内部失衡主要表现为人民币超发带来的通货膨胀压力。中国 3.2 万亿的外汇储备在国内需要用 25 万亿左右的中央银行货币来购买。而中央银行货币是一种高能货币通过货币乘数效应放大到市场就是 100 万亿的购买力，为了避免货币超发带来的通货膨胀损失，人们会把手中的货币投向一些固定资产，经过一段滞后期将表现为资产价格、房地产价格飞涨，最后形成资产泡沫。

### 2.2.2 出口导向经济阻碍了国内产业结构优化升级

受出口导向战略影响，我国产业发展一直以来以国外市场的需求为主体。在出口激励政策的引导下，无论是国内投资还是引进外资，都集中向出口部门特别是出口加工部门倾斜，从而导致这些部门和行业生产严重过剩，资本利用效率低下、资源浪费和环境破坏严重。我国的出口生产企业大多集中在产业链的低端，属于劳动密集型企业。如果把产业链视作一条向下的弧形曲线，那么这条弧形曲线的两端，一端是产品的研发与设计，另一端是产品的品牌销售，销售服务包括消费性售后服务、金融业售后服务。这条曲线的两端都属于高效率附加值高的产业并且能够创造出大量的需求。但是我国恰恰位于这条弧线的低端，加工制造业部分。我国本土产业被跨国公司的全球产业价值链压制在加工制造环节，导致了生产性服务业的大幅萎缩，大量进口机器设备抑制了国内生产性服务业的发展并导致生产性服务贸易逆差不断增长，外资在我国生产性服务业的垄断趋势阻碍了本土生产性服务业的发展。此外，中国出口以加工贸易为主，这种出口贸易结构造成了制造业和生产性服务的产业分割。低端产业链上生产加工为主的制造业结构未能够形成对高端生产性服务的有效需求，制约了中国制造业通过科技创新提升产业竞争力实现产业结构升级，这是中国产业结构失衡和产业结构提升缓慢的主要原因。由于生产服务业的滞后使得制造业缺乏科技创新支撑，只能够长期处于全球价值链低端为发达国家代工生产，从而陷入低水平出口加工增长的路径依赖。从这个意义上说，中国陷入世界低端产业链低端，难以实现产业结构转换困境是中国出口导向经济发展战略的必然结果。

### 2.2.3 出口导向经济抑制了内需增长

中国贸易方式主要以加工贸易为主，加工贸易是中国贸易顺差最主要原因，1995－2004 年外商投资企业来料加工贸易顺差从 400 亿增加到 7 900 亿美元，而加工贸易主要集中在东部地区，这种贸易方式使得中西部地区的资金、劳动力、资源大量流入东部沿海地区加大了中国地区差距。对外加工贸易虽然促进了中国经济总量增长但是却并未带来经济增长质量的提升。由于加工贸易处于产业价值链低端，企业收益较低，只好以低工资方式降低生产成本获取竞争优势，使得中国以低廉的劳动力价格获取了30多年来经济持续增长。这种经济增长方式使得中国国民福利受损，消费需求能力并未随着经济增长而提升。此外数量扩张型对外贸易增长模式虽然可以在一定时期解决就业，拉动经济增长，但是长期贸易顺差造成人民币升值压力抬高了生产要素价格，降低了中国商品出口竞争力。最后，中国对外贸易的不断增长是以我国产业工人的血汗工资和环境牺牲为代价换来的，不仅使中国经济持续增长受到影响，而且低廉的劳动力工资也使中国内需不断萎缩。2008年世界金融危机的爆发，中国出口导向型经济增长受阻，大量出口加工企业倒闭，为了避免经济增长下滑带来社会动荡，中国政府不得不采取4万亿投资计划刺激经济增长，这进一步加大了投资和消费的失衡。2009年投资对经济增长贡献率高达95.2%，而消费贡献率只有45.4%。此外，过度投资使得货币超发和流动性泛滥最终导致资产价格剧烈上升，最突出的例子就是居民为了预防未来的通货膨胀可能带来的货币损失，将手中的货币大量投入到房地产市场，造成房地产价格急剧上升并出现资产泡沫。这就使得中国宏观经济调控陷入了两难困境之中。为了保持社会的稳定就必须依靠投资来支撑增长速度。但另一方面，扩张型宏观经济政策会带来货币超发，最终形成通货膨胀破坏经济和社会的稳定。并且靠投资驱动经济增长的方式有可能进一步加大中国经济的失衡，因为投资拉动型经济增长会进一步降低劳动力者收入分配占GDP的比重，加大资本和劳动所得的收入差距，从而导致最终需求不足，进而阻碍需求能力扩大。

### 2.2.4 出口导向经济造成了收入增长与就业两难困境

中国出口主导型经济增长是建立在廉价劳动力成本比较优势基础之上的。长期的低成本出口导向战略，导致工人高劳动强度、低工资、劳动保障缺失、工作环境恶劣等一系列问题，工人的生产积极性受到打击。工人迫切要求提高工资和社会福利保障。但是，随着国际金融危机的爆发，来自外部需求不断下降，为了增加出口保持经济增长，就必须降低制造成本，增加出口。提高农民工工资并且完善农民工的社会福利劳动保障，又会引起出口产品生产成本的上升，丧失国际竞争力，造成出口萎缩、需求减少，造成企业倒闭和大量工人失业进而影响经济增长。经济增长放缓又进一步降低就业，最终形成连锁性失业。

### 2.2.5 出口导向经济加剧了国际贸易摩擦

近年来随着中国世界贸易地位的不断提升，中国也成为世界上与其他国家发生贸易摩擦与争端最多的国家。这固然与国际整体宏观经济萧条以及新贸易保护主义抬头有关，但是更深层的原因在于中国长期执行的出口导向的经济增长战略。中国作为一个出口贸易大国，与其贸易伙伴相比较，无论是出口数量还是金额都十分巨大。在出口导向优惠政策的刺激下，我国的出口产品在世界市场上所占份额不断增加，截止 2010 年底，中国已经连续 16 年成为反倾销调查最多的国家，巨额贸易顺差使得欧盟和美国有了更多借口对中国进行反倾销、反补贴和特保措施调查，巧立各种名目限制中国商品入境。为了应对这些问题，我国各级政府和企业花费了大量的人力、物力和财力。

从我国所遭遇到的贸易摩擦以及反倾销调查行业和产品来看，主要集中在纺织、机械、化工、金属制品和造纸等上述行业，占到了全部案件的 70%以上。最重要的是这几类产品全部属于我国的出口比较占优势行业，而且发生摩擦的国家和地区主要集中在美国和欧盟这些最重要的贸易伙伴。因此，对中国出口经济增长战略的负面影响不言而喻。

从本节的分析可以看出我国出口导向的经济增长战略已经遇到前所未有的困境，为了积极应对国际金融危机带给中国经济的压力和挑战，实现国民经济持续稳定增长，必须把经济增长的重心放到国内需求的开发上。

## 2.3 城市化是内需主导型经济增长的动力选择

### 2.3.1 内需主导型经济的内涵

内需主导型经济增长是指：在市场经济条件下，主要依靠国内需求的扩大来推动经济增长的经济发展模式。它是对于中国出口导向型经济模式进行反思后提出的一种经济发展模式，内需主导型经济是针对中国需求不足特征提出的一种经济增长模式。

一国的内需主要包括消费需求和投资需求。内需主导经济首先是消费和投资均衡前提下，建立在现代市场经济基础之上，通过市场自发调节资源配置的经济增长模式。理解内需主导型经济增长需要把握以下几点：

首先，依靠内需推动经济增长，要求消费需求和投资需求保持一种动态均衡，这种动态均衡是指消费需求是投资需求的基础，投资需求随着消费需求的变化而变化。这里特别需要提出的是，笔者认为一国的投资可以被划分成为两种类型：一种是外生性投资亦可以称之为经济增长刺激型投资，这种投资外生于城市化内在需求，属于政府主导型投资，其目的主要是为了短期内刺激经济增长，解决就业不足难题。这种投资外生于城市发展，如果投资过度可能会形成资产泡沫，反过来阻碍内需经济增长。例如，政府将过多的资金投放到机场和高铁建设，虽然短期内可以刺激经济增长。但是也造成了短期内货币过度投放，流动性过剩，为了避免通货膨胀可能带来的贬值风险，人们会把手中持有的现金投入住房，这样将会推高城市住房价格，形成资产泡沫，最终抑制消费需求增长。另一类是城市化内生投资需求，这类投资是城市化发展内在机制所需要的投资，它不仅能够推动内需扩大，而且可以持续循环拉动经济增长。例如投向改善民生的社会公共服务投资和改善贫困居民住房的保障房投资。

其次，内需经济增长模式建立在市场对资源配置基础之上，要求尽可能减少政府对经济活动的干预，政府应该是市场的监管者和服务者而不是参与者。

最后，内需主导型经济增长主要依靠国内的资金、市场，这样可以避免国际市场需求波动影响中国经济增长的稳定。内需主导型经济增长的核心在于通过国内需求不断扩大来拉动经济增长。内需经济的增长具有方向性，它遵循消费需求扩大到投资需求扩大这样一种方向，这样可以避免陷入投资拉动型经济增长。消费需求是最终需求，投资需求是一种消费需求引致的需求。世界上大多数发达国家的经济增长，一般都主要依赖国内市场的消费需求而不是投资需求来实现的，这些国家的最终消费率保持在 80%左右，居民平均消费率在 70%左右，国内消费需求是推动经济增长的最重要动力。需求启动是实现内需主导型经济的重要前提，如果需求难以启动，那么内需经济增长的目标就会落空。因此，启动内需必须找到内需增长的动力。中国采取出口导向经济增长战略是建立在国际市场需求和本国劳动力禀赋优势前提基础之上的，实现出口导向经济增长向内需主导型经济增长的转变也必须找到新的需求增长之源。

### 2.3.2 有效需求是实现内需主导经济的基础

以往研究城市化与经济增长关系大多从城市化对经济增长的投入要素劳动、

资本和技术进步的影响着手。本文研究与他们不同之处在于：从需求的视角来看，内需经济增长的核心在于需求，只有需求才能够将劳动力、资本和技术结合在一起促进经济的增长。

现代经济运行、增长和发展需要最基本生产要素的投入，主要包括劳动力、资本和技术等。对于大多数发展中国家而言，经济落后、科技不发达、劳动者受教育水平较低，而且资本十分匮乏。因此，制约发展中国家经济转型从表面来看似乎是技术和作为科技物化的生产设备、劳动工具等物质资本的缺乏；或者是购买生产设备和科技技术的货币资本的缺乏；或者是高水平的人力资本的缺乏。在发展中国家，劳动力一直被视作大量剩余的资源。因此，一些经济学家和学者把人力资本水平较低作为欠发达的一个主要原因，建议通过教育以提高人力资本水平推动经济增长。不过尽管发展中国家在绝对量上知识短缺，但是在实际的发展过程中却出现了知识过剩的现象。例如，我国目前存在着大量的毕业大学生难以就业现象。这说明发展中国家即使对于缺乏的高水平人力资本也未能够有效地利用。真正制约发展中国家经济增长的并非劳动力的教育程度。此外，对于发展中国家来说，虽然在科技技术和设备方面较发达国家落后，但是，只要经济体外已经存在这些技术和设备，在适当的机制下，只要提出有效需求，就能够得到供给。尤其对于中国，其内部本身就存在着未能够加以充分利用的技术和设备，关键在于如何有效取得和利用这些科技和设备。科技的落后不是欠发达国家经济落后的真正原因。没有好的经济机制，再先进的技术也未能够发挥效用；有了好的经济机制，再落后的技术也能够得到改进。最后，传统经济增长理论认为，资本是推动经济增长的一个重要源泉，只要发展中国家提高储蓄率，有更多的资本用于投资，就能够实现增长。因为没有储蓄就没有资本，没有资本，就没有投资，因而就解决不了劳动就业，进而就不会有经济增长。发展中国家由于劳动力充沛，资本量的大小就成为决定就业的关键因素。中国作为发展中国家，由于经济转型未来不确定性强再加上传统文化，储蓄率一直保持在 40%以上，资本对于中国来说目前并不是问题。

对于中国这样的发展中国家来说，不仅劳动力供给充分，技术和资本供给也不存在短缺。因此，劳动力、技术和资本不是制约中国经济增长的根本原因。真正制约中国经济增长的主要问题是缺乏把潜在的劳动、资本和技术结合起来形成现实有效生产力的需求。有效需求不足制约着外部资本、技术的流入，制约着人力资本的有效利用和发挥。若想充分发挥劳动、资本、技术对经济增长的促进作用，必须创造出足够的有效需求把潜在的资本、剩余劳动力和先进技术结合起来，形成有效的生产力。劳动、资本和技术的结合取决于有效需求，而非供给。只有存在需求，亦即只有存在着购买意愿和购买能力，产品才会生产出来，劳动力才会及时提供。相反，供给不能够将资本和劳动结合起来。因为存在供给，不一定存在相应的需求，产品即使生产出来了，不一定就能销售出去。例如，一家土豆淀粉加工企业，当市场需求增加时，它会考虑增加生产，雇佣更多的劳动力，购买更多的原材料土豆。这样，全社会的淀粉产量增加，工人就业增加，淀粉加工企业的利润增加，淀粉厂工人收入增加。由于淀粉厂生产规模扩大，带来了对土豆需求量增加，生产土豆农民和相关产业工人收入也会增加。但是如果居民增加的收入不全部购买淀粉，全社会需求没有相应增加，假如淀粉厂家这时再贸然扩大生产，结果淀粉卖不出去，就会造成损失，该厂就不会增加资本扩大生产，反之，如果增加产量一定有销路，该厂就会追加投资。这个例子表明需求对资本、劳动和技术的结合是多么的重要。

内需主导型经济是依靠需求拉动的经济增长模式。需求主导着生产的投入和资源的最终配置。它不仅体现在对经济增长的推动方面，而且更重要的是需求决定着各种资源的投入配置方向和比重。一方面，生产企业根据需求变化趋势设计、安排生产。同时需求引导着企业根据市场的变化调整生产，更新生产技术和设备，并研发和创新产品以最大限度地满足需求。创造出足够的国内需求、足够的就业机会和足够的资本，是中国实现经济增长模式从出口导向经济向内需主导经济转变的关键。其中，需求起着决定性的作用，没有足够的有效需求，就意味着没有足够的市场，缺乏需求市场的支撑，产品就难以卖出，投资就不能够获利，资本所有者就不会进行投资，从而就不会产生足够的就业机会，也就谈不上推动经济增长。

### 2.3.3 城市化推动下的内需主导型经济是中国的必然选择

一个国家选择内需主导型经济还是出口导向型经济一般由本国自身资源禀赋条件所决定。世界贸易发展经验告诉我们，大国的经济增长模式明显不同于中小国家经济发展模式。中小国家由于人口和资源所限，必需依赖国际市场。一方面中小国家的国内资源较为匮乏，需要大量进口才能够满足国内需求，因此对国外资源的依赖性较重；另一方面，由于小国国内人口较少，而市场规模有限，当经济发展到一定程度时，国内市场就会饱和，必需依赖国际市场消化，才能够产生经济规模效益。而且小国自身的经济规模较小，出口量有限，不会对国际市场产生较大影响，受国外贸易保护和国际市场容量制约影响程度较小，因此不容易与其他国家产生国际贸易摩擦；同时，中小国家进口资源和产品也由于需求量较小，不会对国际总需求量产生影响，因而价格波动较小。但是，对于中国这样一个供需量较大的大国，如果依赖国际市场，无论是出口还是进口，由于供给量和需求量大，不但容易引起国家之间的贸易摩擦而且会造成价格剧烈波动，一旦国际市场产生波动就会影响国内经济增长的稳定。相反，如果采取内需主导型经济增长战略，我国国土幅员辽阔，人口众多，由于各地气候条件不同，矿产资源丰富多样，交通运输便利，国内需求多样化，依靠国内市场就可以支撑各种各样的制造与服务业，发挥出经济增长的规模优势，国内巨大的市场需求是我国经济发展的重要保证。此外，由于我国人口众多，就业压力大，依赖国外市场难以完全解决就业、资源闲置和商品生产过剩问题。另外，对于中国这样的大国，不同地区之间区域之间的经济、资源禀赋以及技术差距较大，外贸出口只能够给部分地区带来收益，而落后地区难以从中获得好处，这就造成了地区之间的经济差距和收入分配差距的扩大，使得区域之间的经济发展失衡。如果能够合理有效的整合国内资源，面对国内市场，充分发展国内贸易，也能够实现经济的持续稳定增长。因此，发展内需主导型经济是中国的必然选择。

经过 30 多年的高速经济增长，中国取得了举世公认的经济成就。但是，从另一个角度看，靠出口主导的经济发展，并未能够使我们内部的经济从两难的困境当中解脱出来。目前中国城乡二元结构特征明显，一方面三农发展缺乏大量的资金投入；另一方面却是资本或资金的过剩形成了流动性陷阱。对于我们这样一个人均收入依然属于世界不发达国家行列的国家，竟然出现资本过剩的现象。此外，一方面是整个经济体系创新能力不足，出口产品大多处于产业价值链的低端，另一方面却是大量的大学毕业生难以就业，稀缺的人力资本处于闲置状态；一方面是生产企业的生产能力和产品供给过剩以及劳动力闲置，另一方面，许多普通民众特别是农村居民生活水平相对低下，渴望消费更多的现代工业品改善自己的生活；一方面经济发展过程中，农业劳动生产率较低且农村存在大量剩余劳动力，另一方面经济体系内外存在着不断更新的新科技和现代化生产工具，并且供给能力过剩，某些成熟的工具和技术已经使许多国家的民众过上了人均收入超过 20 000 美元的生活。这种两难的困境在于缺少需求的支撑将剩余劳动力、资本和技术结合在一起，形成强大的生产能力推动经济增长。因此，中国内需经济增长还必须结合中国二元经济结构社会现状，从城市化方向进行破解，因为城市化本身就是一种增长因素。城市化作为内生于经济增长过程中的增长因素主要在于：经济增长依赖于经济结构的转换，一国经济增长的过程也是工业化、服务业产出比重和就业比重不断上升而农业产出比重和农村就业比重不断下降的过程，这一经济结构转换完成之时也是一个国家彻底实现城市化之时。

作为一个传统农业大国，中国经济兴衰与农民紧密相关。农民需求决定着中国内需的大小，农民需求扩大，国内的需求就扩大；农民需求不足，国内的需求就萎缩。因此，产、学、政界大多数人认为，农民、就业和内需是左右国民经济发展的三个关键因素。本文认为，这三者之间关系是三位一体的，共同内生于城市化过程中。增加农民收入先要解决农民就业；解决农民就业就必须扩大生产；扩大生产就必须有足够的需求。

由于城乡之间收入差距和生活方式不同，使得城乡之间消费支出存在巨大的差别。这种需求差异或者需求落差，在农民转为真正城市居民前，形成了蕴藏在每一个农村居民身上的潜在需求。中国城市居民的人均消费水平是农村居民人均消费水平的三倍左右，中国 7 亿多农民与城市居民相比较，二者之间存在着巨大的潜在需求势能，城市化过程的农转非可以自发地将这种潜在需求转化为有效需求，从需求角度看，城市化与内需经济增长自然而然地联系在了一起。因此，内需经济增长的主要问题就是如何通过农转非把农民潜在需求转化成有效需求。这时，内需与就业就演变为同一问题的两个方面。城市化过程蕴藏着极大的潜在需求，这些潜在需求主要表现为城市化过程中的消费需求和投资需求，如果这些需求转变为现实的需求就会带来大量就业机会，就业机会增加不但会加快城市化步伐而且会带来更多的需求。因此，农民、就业和内需内生于城市化过程，从这个意义上说城市化本身就是一种增长因素内生于经济增长过程中。

# 第 3 章 城市化推动内需经济增长的作用机制

世界经济发展的历程告诉我们，一个国家的经济发展水平和其城市化水平息息相关。城市化发展水平越高的国家，它的经济发展水平也越高；城市化水平越低的国家，它的经济发展水平也越低。城市化与经济增长之间这种极大相关性成为理论界专家和学者的关注热点，有关城市化与经济增长之间关系的研究也可以说是汗牛充栋。城市化与经济增长作为城市经济学的主要研究内容，国内研究大多集中在以下几个方面：城市化与经济增长互动机制研究、城市化与经济增长关联性研究、城市化对经济增长要素影响研究、城市化对产业结构影响、城市化对城乡差距缩小研究等。这些研究最大不足在于未能够系统深入地结合中国的实际和国际经济形势的最新发展背景，将城市化与扩大内需、经济增长整合在一个理论分析框架中进行理论和实证研究，并给出具体可操作的政策建议。与以往研究不同，本研究从城市化过程中的农转非需求变化视角，将城市化、扩大内需和经济增长纳入同一理论框架，研究城市化对内需经济增长的作用机制。

城市化促进内需经济增长的机制作为研究的重点内容，也是本选题主要理论创新之处和实证框架构建的核心基础，后面的章节将依据本章建立起来的分析框架展开。城市化推动内需经济增长机制的核心在于城市化过程中的农转非与需求变化的关系。在城市化这个分析框架内从需求视角紧紧围绕农转非、农产品需求和非农产品需求这三个关键因素，分析它们之间的相互作用机制以及对经济增长的影响，然后在此分析基础之上利用因果关系链归纳出城市化推动内需经济增长的机制并提出笔者的理论命题加以实证检验。这里的农转非主要指农民身份转变成真正市民，职业从农业生产转变为非农业生产，亦可以和城市化互相替代。非农产品包括工业品和服务产品。

## 3.1 城市化水平与产出的需求决定

发达国家的城市化演变历程表明，城市化与经济增长总是相伴相随的。没有城市人口的集聚就没有经济的增长；没有经济增长就没有需求的扩大；没有需求扩大就没有投资增长也就没有就业的增长；没有就业机会也就没有农转非的发生；没有农转非的发生就没有城市化也就没有经济社会的发展。城市化内生于经济增长过程中，城市化推动了经济社会从低级走向高级。城市化与经济增长二者关系背后的连接纽带是需求。

本节首先构建一个城乡两部门模型，在模型框架内分析农转非如何决定需求和产出，从而为下一步推断城市化推动内需机制奠定基础。

### 3.1.1 城乡两部门理论模型的设定

假定在一个封闭的经济体系中，存在着农村和城市两个社会以及农业和工业两个生产部门，农业部门提供农产品 $Y_r$，工业部门提供工业品和服务产品 $Y_u$，后面如无特殊说明，农业部门和农村部门，工业部门和城市部门、非农部门可以互相替代使用；工业部门生产出的工业品和提供的劳动服务统称为非农产品。农村和城市总人口数为$N$，$N = N_r + N_u$，其中$N_r$表示农村人口总数，$N_u$表示城市人口总数。假设城乡劳动参与率$\delta$(城乡具有劳动能力人口数与城市或农村总人口数之比) 相同，而且城乡处于充分就业状态。假设城乡居民对农产品的消费需求基本相同，人均消费量为$c$，农产品人均消费量不会随收入发生变化(事实上每个人每天不可能比他人消耗更多的食物) 。工业品价格设为 1 元，农产品价格为$p$，农村居民人均消费工业品数量为$c_r$，城市居民人均消费工业品数量为$c_u$。农村、城市用于再生产的生产资料投入占产出的比例为$\varphi$。假定工业部门生产函数为规模报酬不变而农业部门生产函数为规模报酬递减。为了研究城市化过程的农转非与经济增长的关系，在此假设城乡两部门的产品产出水平，只和部门的劳动力的投入数量相关，不考虑技术进步和资本的影响，即社会生产在固定的生产技术条件下，采取固定生产要素方式进行生产，不存在要素之间的替代，只有一种生产要素劳动力投入就能够满足生产，产出可以表达为劳动力生产要素的函数，即$Y = f(L)$。

根据二元经济结构理论，农业生产是人类生活的基础，只有农业产出能够满足人们最基本生活所需农产品后，工业化才能够得到发展。本节首先研究农业部门农产品的产出与农业部门劳动力投入以及全部人口对农产品消费需求之间的关系，然后在此基础上分析城市化水平和工业品产出的联系。

### 3.1.2 城市化与农业部门产出以及需求的关系

从农产品的需求来看，由于我们假定处于一个工农业封闭系统中，不存在着农产品的进出口贸易，因此农产品的主要消费者为国内的城乡全体居民。根据前面城乡两部门模型的假设，农村居民和城市居民人均农产品消费量相等。城乡居民年人均农产品的消费数量均为$c$个单位，由于农产品价格为$p$，那么城乡居民年人均农产品消费额则为$cp$，居民农产品年消费总额是$Ncp$元。

一般而言，农业部门的产出函数可以用分段函数来表示。即农业部门的生产中存在着某一劳动力边际产出为零的点，当达到这个临界点时，增加一个农业劳动力的投入，不仅增加的产出量为零而且这个单位劳动力的投入会造成人均农产品产出价值的减少。则这个农业劳动力投入数量称为零边际产值农民数，用$l_0$来表示。假设农业人均劳动年产出水平为$\overline{y_r}$不变，当农业劳动力投入大于零边际劳动力投入$l_0$时，随着劳动力投入的减少，农产品产出值增加；当农业劳动力投入小于农产品零边际劳动投入$l_0$时，随着劳动力的增加，农产品产出值增加。即农业产出值以零边际劳动力投入$l_0$为界，分别属于规模报酬递减函数和规模报酬递增函数。

本文根据中国农村的实际现状，现假设农民总数$l$大于零边际产值农民数$l_0$时，国内农业总量、农业收入在短期内不会发生变化，等于一个常数$\overline{Y_r}$。这是基本符合我国农业实际生产条件或状况的。其主要在于，我国可供耕种的土地资源有限，而农村又存在着大量的剩余劳动力，这就造成了我国人地矛盾突出，土地生产率难以提高[1]。因此存在大量的农业剩余劳动力，增加或减少农业劳动力的投入不会影响亩产量平均水平。此外，短期内农业科技水平、农业机械化水平以及农田基础设施等也不可能会发生太大的变化，因此农田单位产出基本保持一定。由于土地属于稀缺不可再生资源，在长期只能减少不可能增加。因而$\overline{Y_r}$也就是一国农业的最大的产能。

需要注意的是，当农业劳动力的投入超过边际产值等于零的农民数$l_0$时，在

---

[1] 我国目前耕地面积大约位居世界第四位，但是人均耕地面积大约位居世界第126位，人均耕地面积不足世界平均水平的一半。

其他条件不变时，由于边际报酬递减规律作用以及耕地数量固定不变，农民的人均收入会因为劳动力投入的增加而降低。这时，农业生产函数可以表示为：

$$Y_r = l\overline{y_r} = \delta N_r \overline{y_r}\ (l \le l_0)\ ;\ Y_r = \overline{Y_r}\ (l > l_0)$$

其中，$\overline{Y_r}$ 代表农业的最大可能产出水平，$l$ 代表农村劳动力总数，$l_0$ 是零边际产值的农村劳动力。该生产函数表示，当劳动力投入小于零边际劳动力投入时，农业产出随着劳动力投入变化而变化；当大于零边际劳动力投入时，农业总产量保持在最大产出不再随劳动力投入而发生变化。

下面我们再探讨农业劳动力的最低投入问题。我们知道城市化和工业化的发展是以农业为基础的，只有农业的产出能够满足全体国民的最低需求时，城市化才有可能得到发展。一国农产品的最低需求量包括全体国民维持基本生活的需求和维持农业再生产的需求。假定 $N$ 个国民一年的农产品消费量为 $cN$，$l$ 个农民一年生产农产品的总产量为 $l\overline{y_r}$，农产品价格为 $p$，假设用于再生产的农产品比例为 $\varphi$，那么我们可以得到农产品的国民供求均衡等式如下：

$$cN = l\overline{y_r}(1-\varphi)$$

上式中的国民人口总数 $N$ 如果短期内不变，人均农产品消费水平 $c$ 和农业劳动生产率 $\overline{y_r}$ 短期内也不发生变化，这时如果农村劳动力的投入数量 $l$ 所生产的农产品恰好能够满足全体居民对农产品的消费需求，我们把这一农村劳动力投入数量 $l^*$ 称之为农业生产的社会必要劳动投入。农业生产的必要劳动投入量是农产品供求相等时的均衡农村劳动力投入数量。

在实际生活中，人均农产品消费需求数量受人们的收入水平、农产品价格、农业生产的产量、农产品的不同类别的变化和人们社会消费习惯等因素的不同程度影响，但也不会发生太大的偏差，因为农产品为生活第一必需品，是满足人类生存的最基本需求。因此，为了方便理解，假定年人均农产品消费需求量不变，为一常数$c$。这样，当给定国民人口总数$N$时，国民农产品需求总量$cN$也就是一个常数。如果$c_t$是全体国民$N_t$在t时期的平均农产品必要消费量，则$C_t = c_t N_t$就等于全体国民在t时期的总的农产品必要消费量，生产$C_t$的农民数则是时期t的农业的必要劳动投入数量。

根据农产品供求均衡等式可知，在农产品供求均衡时，农业劳动力的均衡数量为$l^* / N = c / (1-\varphi)\overline{y_r}$，即农产品社会必要劳动力投入数量的比例，等于农民人均农产品消费量与农民人均产值(去掉农业再生产投入)的一个比率。

从该式不难看出，均衡时，一国的农业部门生产所需要的最低农业生产劳动力数量主要取决于人均农业劳动力产出水平即取决于农业的劳动生产率。在国家人口总数和农业的再生产投入不变前提下，农业劳动生产率水平越高，农业部门所需要的劳动力投入越少；反之就越多。

在一定的自然资源禀赋条件下，决定一国农业劳动力数量及必要劳动力数量的因素有许多。其中最主要的条件是，人均可耕种土地面积、农业劳动力的零边际产出水平。首先，如果农业生产中，增加农业劳动力投入会带来农产品产量的增加和劳动力收入水平增加，那么农业部门的劳动力就处于不足状况，这时就需要增加劳动力的投入；如果增加劳动力投入能够带来农产品产出增加，但是劳动力的收入水平未能够增加，这时劳动力数量的变动就要取决于非农产业的收入水平，当非农产业工资收入水平高于农业部门时，农业部门的劳动力就会流向城市。反之，劳动力数量不会发生变化。其次，农业劳动力的投入数还决定于一国的可耕种土地面积和农业生产率水平。耕地面积一定情况下，农业劳动生产率越高，需要的农业必要劳动力投入就越少。最后，农业劳动力必要投入数还取决于一国农业生产的比较优势。如果该国自己生产的农产品价格与进口农产品价格相比具有价格优势，那么该国就会自己进行农业生产，所需要的农业劳动力就取决于耕地数量。反之，农业劳动力投入就是一个国际农产品价格的变量。

具体到中国目前的农业实际情况，我国农业劳动力的实际投入数量远远大于农业必要劳动力的投入水平，形成了大量的农业劳动力投入冗余。值得注意的是，我国农产品价格是受到国家保护的，与国际农产品价格相比较不存在着价格方面的优势。中国的农村可耕种土地的利用与必要农业劳动力投入人口数量比较也已经达到利用的极限。简单地说，就是中国农业劳动力投入已经远超过必要劳动需求，增加劳动力投入不再能够带来农产品产出量的增加，反而会进一步降低人均农产品收益。减少劳动力投入不仅不会降低农业部门的总产出，反而会促进劳动生产率提高和人均农业收入的增加。解决这一问题的关键在于加快农业部门剩余劳动力的转移，直至农业部门实际劳动力数量等于必要劳动力投入。

城乡二元结构明显的发展中国家，在未能够实现农业部门人口转移，实现城乡一体化之前，农村往往存在着大量的过剩劳动力。这些劳动力远大于零边际产出所需的劳动力数量，或者说减少劳动力投入对农业总体产出量没有影响。我国的实际情况就是这样，一块耕地 2 个人种和 3 个人种产量是同样的，但是人均收入却减少了，就是这个原因。因此，本文把我国农业产品的总量视为一个常数$\overline{Y_r}$。这样假设的合理性在于，短期内我国的农业生产技术以及耕地总数不会发生改变，农村劳动力的存量也不可能有较大变化。

一国的农业总产出包括总产量和总产出价值，由于涉及两部门产品交换，本文主要考虑工农业总产值价值与城乡劳动力投入变化的关系。根据农业产出报酬递减规律和前面中国农业生产技术与土地在短期内相对稳定假设，已知中国农业产出总量为$\overline{Y_r}$，那么农业产出的总产值即为$p\,\overline{Y_r}$，且短期内不随农民人数变化，那么农民人均产值或人均收入为：$p\overline{Y_r}/N_r = p\overline{Y_r}/(N-N_u)$。

从农民人均收入等式可以看出，农民人均收入与农村人口数量成反比，将其进一步转换为总人口数与城市人口数之差，那么农民人均收入随着城市人口数量的增加而增加。根据我国的实际情况，农民不存在农业税收并且对进口产品消费需求几乎可以忽略不计，那么农民的人均消费支出主要为：

$$cp + c_r + \frac{\varphi p\overline{Y_r}}{N_r}$$

其中：$cp$——农民人均农产品消费需求；

$c_r$——农民人均工业品消费需求；

$\frac{\varphi p\overline{Y_r}}{N_r}$——农业再生产所必需的预留种子、化肥等重置资本。

由于农村居民的人均收入为：$p\overline{Y_r}/N_r$，人均消费为$cp + c_r + \frac{\varphi p\overline{Y_r}}{N_r}$。这样，我们就可以推导出农民人均收入和人均消费等式：$\frac{p\overline{Y_r}}{N_r} = \frac{pc + c_r}{1-\varphi}$，对上式进行简单的推导有：$c_r = \frac{p\overline{Y_r}}{N - N_u}(1-\varphi) - pc$。

由于上式中的总人口数$N$、农产品价格$p$以及人均农产品消费水平$c$和农业再生产重置投资率短期内固定不变，由此可以发现：农民人均工业品需求随着城市人口数量的增加而增加，随着农村人口数量增加而减少。这就告诉我们，为了增加非农产品的消费需求，应该尽可能地把更多的农村人口转移到城市。

### 3.1.3 城市化与工业品产出决定

上一节分析了城乡人口比重与农产品产出以及需求的关系，本节在上一章分析模型的基础上，在社会生产率水平给定的前提下，研究分析工业部门的产出、城市化水平如何被国民需求所决定的问题。

为了使研究问题简单化，我们首先假设非农产品或工业品的生产是在国内封闭的系统中进行，不存在国外市场需求和政府部门的需求。工业部门的产品和服务需求主要来自于农村居民的生产与生活需求、国内城市居民生活需求以及工业再生产的折旧和中间投入三个方面。

假设国内农村人口数为$N_r$，他们的人均国内工业品和服务的需求量为$c_r$，则其年消费数总量和消费总价值量均为$c_r N_r$(工业品价格为 1)；国内城市居民人口总数为$N_u$，其人均工业品和服务的需求量为$c_u$，年非农产品消费总量和消费总价值为$c_u N_u$；资产折旧和重置投资为工业部门年生产总值的一个比率$\phi\delta N_u$(假设城市非农产品人均生产率为 1)。这样我们很容易就可以得到非农产品的社会总需求函数：

$$D_u = c_r N_r + c_u N_u + \varphi\delta N_u$$

又已知工业品的供给函数为：$D_s = \delta N_u$，按照工业品生产和需求的供求平衡条件：$D_s = D_u$，解这一方程组，我们进一步可以得到非农产品供需均衡时的城市人口：

$$N^* = \frac{c_r(N_r + N_u)}{\delta(1-\varphi)-(c_u - c_r)}$$

这时供求均衡的非农产品供给量与需求量为：

$$D_s^* = D_d^* = \frac{\delta c_r(N_r + N_u)}{\delta(1-\varphi)-(c_u - c_r)}$$

从这一均衡解中可以看出，城市人口的均衡解 $N^*$ 主要与农村居民的城市非农产品的人均需求 $c_r$、城乡居民对非农产品人均需求之差 $c_u - c_r$ 有关。该式分子为以农村居民的非农化产品需求水平为标准，全国的非农产品的总需求量，其水平在短期人口总量不变情况下，取决于农村居民的非农产品消费水平；该式分母为一个城市居民所能够提供给其他人消费的工业品数量，短期内就业率和工业部门再生产投资率可视为一个固定不变常数，因此，均衡时的城市人口水平取决于城乡居民非农产品消费需求差距。如果给定农村居民人均最低工业品消费数量，则城乡居民非农产品需求之差 $c_u - c_r$ 越大，则均衡时的城市人口越多，也就是说城市人口增长潜力和城乡居民消费落差成正比。同理，城乡居民的工业品消费需求之差越大，均衡时的非农产品供给和需求也越大。从上面的分析我们可以得出以下结论：当农村居民对城市非农产品平均消费水平固定不变时，城乡居民之间的非农产品消费水平之差越大、均衡时的城市化水平就越高。即城乡居民的需求差距可以促进城市化的发展。

上述非农产品供求方程组有解的必要条件是 $\delta(1-\varphi) > c_u - c_r$。在理论意义上这个条件是成立的。因为，一个城市劳动力所生产的工业品净产值或纯收入 $\delta(1-\varphi)$，除了能够满足自己购买自己生产的工业品或劳务外，还必须有剩余用来购买农产品。

图 3-1 描述了非农产品的供求平衡。横轴表示城市居民数，纵轴表示国内工业产品和服务的总产值。它描述了城市居民人口和非农产品产出之间相互关系。通过该图我们可以了解到城市居民人口是如何决定国内产出的，这有利于我们重点分析城市化率、农转非的数量对社会总产出的影响。

在下图 3-1 的供求曲线中，城市非农产品的供给曲线 $D_s$ 表示非农产品的供给随着城市人口的数量而增加，二者表现出正向相关性。供给曲线的斜率等于 $\delta$，其表示，在就业均衡的前提条件下，每增加一个城市人口，就能够增加 $\delta$ 个城市就业，也就是说，其经济学意义代表城市人口的就业弹性系数。假如城市的就业产出弹性系数为 1，那么每个城市人口，向社会平均提供$\delta$量的工业品。如果城市没有劳动力就业，那么就不会有工业品的生产或产出，表现为工业部门的工业品和服务的供给曲线在产出轴上的截距为零。

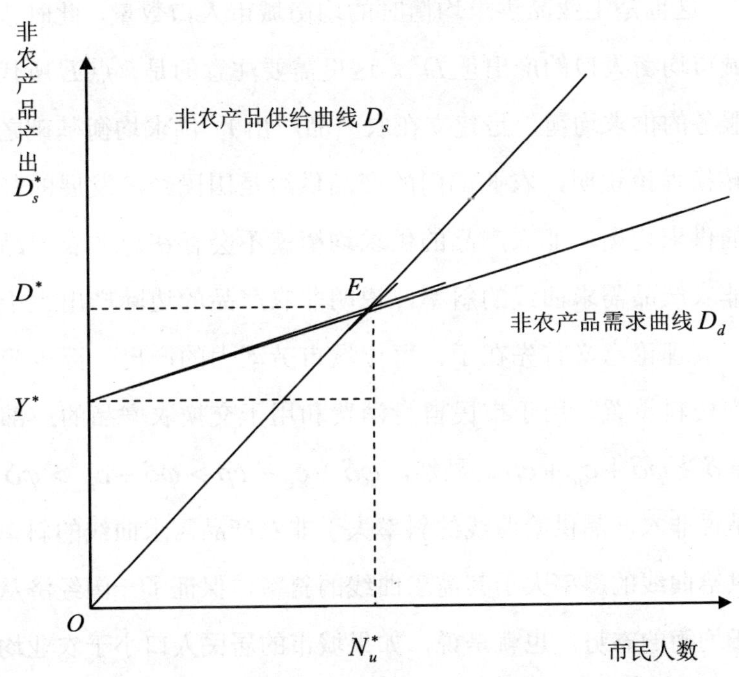


**图 3-1　非农人口与非农产品供求平衡图**

我们现在再来看工业品的需求曲线$D_d$，它是一条与对应的工业品供给曲线相比较斜率较小的一条直线，因此显得比供给曲线更为平坦一些。城市工业部门的工业品以及服务的需求曲线在产出轴上的截距为$c_r N$代表着全国的城乡居民对城市工业品和服务生产的维持最低生活的必要消费需求，即使城市人口为零即城市化水平为零，也必须有这么多的工业品的供给，才能够维持国民的生存。城市工业部门产品的需求直线斜率等于$\delta\varphi + c_u - c_r$，它所代表的经济学含义是，每增加一个城市人口，这一新增居民对非农产品的需求。它包括满足新增居民的最低生活必需的工业品消费、用来进行再生产投资的额外$\delta\varphi$量的工业品以及农村居民转化为市民所需工业品超过农民所需的部分$c_u - c_r$。在图 3-1 中，非农产品的供给曲线和需求曲线二者相交于点$E$，在这一点所对应的城市人口数为$N_u^*$，这也是工业品供求均衡时的均衡城市人口数量，此时该点的非农产品产出为城市均衡人口的产出量$D_s^*$。这里需要注意的是，点$E$所代表的城市工业品以及服务的供求均衡，是建立在农产品产出$Y^*$供求均衡基础之上的。二元经济结构转换理论说明，农业部门的产品供给是国民经济发展的基础，如果没有农产品的供求均衡，非农产品的供求均衡就不会存在。非农产品供给曲线的斜率大于非农产品需求曲线的斜率，说明非农产品的边际产出大于非农产品的边际消费。其理论意义首先在于，每位城市劳动力的产出，至少应该大于或等于用于生产资料重置、用于市民自身消费和用于交换农产品的三部分非农产品之和，即：$\delta \geq \varphi\delta + c_u + cp$。显然，$\varphi\delta + c_u + cp > \varphi\delta + c_{u.} > \varphi\delta + c_u - c_r$成立，也就是说非农产品供给曲线的斜率大于非农产品需求曲线的斜率。其次，非农产品的供给曲线的斜率大于其需求曲线的斜率，保证了一国经济从经济学意义上能够趋于均衡的态势。也就是说，如果城市的居民人口小于农业均衡时的城市均衡人口时，这时需求曲线在供给曲线之上。它意味着，这时如果能够将更多的农村人口转变为城市人口，就能够带来更多的非农产品的产出。相反，如果在这种情况下减少城市人口，工业品的供需缺口就会越来越大。只有增加城市的人口，供需缺口才会越来越小。

下面我们再来分析城市人口大于农业均衡时的城市均衡人口情况。从图 3-1 能够看出，此时工业品的需求曲线在工业品的供给曲线下面，它表示城市的人口超过了均衡城市人口数，但是非农产品的需求却明显不足。这时城市人口如果继续增长，将会造成工业品供需的缺口越来越大(产品供给大于需求) 。这时，只有尽可能减少城市人口的数量，国民经济才能够趋向非农产品的供求均衡。非农产品的供求失衡向均衡发展的过程，起决定作用的是居民的消费需求，居民的消费需求又决定于城市人口的数量。城市人口的增加促进了工业品需求的增加，促进了工业品供给的增加。城市人口滞后于工业化的发展时，工业品需求会小于供给，这时工业部门的生产将会趋于减少。值得注意的是，城市化过程中，不同的城市人口对应于不同的工业品需求。低水平的城市化，决定了较低水平的工业产品供求均衡；高水平的城市化决定了高水平的工业品供求的均衡。提高城市化水平的关键在于促进非农产品消费需求的增加，推动城市人口和工业品的产出从低水平均衡向高水平均衡发展。

由于工业品的供求均衡等式为：$\delta N_u(1-\varphi)=c_r N_r + c_u N_u$；农产品的供求均衡等式为：$N_r \overline{y_r}(1-\varphi)=cN$；那么城乡两部门系统的均衡是建立在二者均衡交换基础之上的，即有：$c_r N_r = cpN_u$，这样我们就可以得到城乡两部门的一般均衡系统：

$$\delta N_u(1-\varphi)=c_r N_r + c_u N_u$$

$$N_r \overline{y_r}(1-\varphi)=cN$$

$$c_r N_r = cpN_u$$

在这个城乡两部门产品交换均衡系统中，城市人口数量以及农产品的均衡价格是未知数。根据居民消费的一般常识，人口对农产品消费需求量基本保持在一个相对稳定的水平，根据城乡两部门产品交换等式，由于城市人口对农产品的需求是一定的，如果农村居民想要交换到更多的工业产品，只能够通过提高农产品价格或者是将农民转移到城市以提高城市人口的比重这两种方式。但是，中国的农业产品的价格是受到中央政府严格控制的，只有在政府提高农产品价格的前提下，农业部门的产品才能够交换到更多的工业产品和服务，工业部门的产品生产才会变得更为积极活跃。这两种方式中最有效的方法是通过农转非把农民从农村转移出来，增加城市的人口比重。这样不仅由于城市人口的增加提高了城市居民的农产品消费需求总量，此外农村人口数的减少促使农村人均收入增加进而提高了农村的人均工业品消费量。因此，扩大城市工业品需求的最佳途径，就是大量地转移农民进城。

## 3.2 农转非过程的需求潜能

### 3.2.1 城市化过程的居民需求潜力

任何一个城乡二元结构经济特征明显的发展中国家都存在着多方面的城乡需求差距，无论是生活必需品消费数量还是生活物质消费水平质量等方面。形成这一消费水平差异的原因除了城乡两部门之间劳动生产率差异所形成的劳动力收入差距以外，还包括城市相比较农村有更好的消费环境以及更多的商品服务可以满足人们的多样性需求。针对我国的具体情况，农业部门存在着大量的剩余劳动力，这些富裕生产要素的存在不仅不能够给农业生产带来更多的产出，反而参与了农业部门的分配，进一步降低了农业的产出效率并导致农民人均收入增长减缓，不利于人们消费能力的扩大。从需求增长的视角看，城市化目前是解决需求不足的唯一选择。发展经济学理论告诉我们，人类发展的历程就是人类的需求不断提高并通过人类各种努力不断得到满足的过程。人类需求的不断膨胀推动了城市的演变，城市也为满足人们的需求创造了条件。现代城市相比较农村不仅是生产部门(就业机会) 的聚集地而且是需求产品、社会公共福利、教育、医疗优质资源的集聚地，正是城乡之间这种收入差距和消费需求差距构成农村人口向城市迁移的利益驱动拉力。因此，城乡之间这种差距实质上构成了一个国家的经济增长潜力，与发达的城市经济相比较，农村地区的生产力水平越低、人口越多、需求差距越大所蕴含的经济增长潜力也就越大。这里很容易地将其用公式表示出来：

一国潜在需求潜力=农村落后地区人口数量×城乡之间的人均收入差距

该方程的理论意义在于，农村作为落后地区与城市作为发达地区的潜在需求差距可以依据该式简单计算出来。城市化过程中，农转非的直接意义就在于农村人口的收入水平远远低于城市居民的人均收入，二者之间的收入差距形成了一种潜在的消费势能。由于城市居民对农产品的消费需求有限，农村居民收入和城市居民收入的差距就基本上全部转化成为农村居民对城市工业品和服务的消费需求。农村人口相比较城市人口在工业品和服务消费方面的消费需求差额，在这里可以称之为城乡需求落差。城乡需求落差是内生于城市化过程中的变量，随着城乡人口比例和收入水平状况变化而变化，是决定发展中国家城市化进程的一个关键变量。

农村居民消费需求和城市居民消费需求所形成的落差蕴含着很大的经济学意义：一国经济的持续增长要求必须有持续的有效需求来支撑，居民的有效需求能力是经济增长的源泉[2]。一国的城市化水平和其需求能力存在着密切的正向

[2] 我国的劳动力成本与其他国家相比较形成的成本差距是推动我国出口导向型经济增长的主要动力，那么我国城乡居民间的消费需求差距就是构成城市化推动内需主导型经济增长的另一内生动力源泉。

相关性。城市化水平高的国家普遍消费需求能力较强。当前我国国内需求低迷与城市化进程滞后密切相关。从城乡消费需求角度看，城市化可以通过增加农民收入改变其生活方式和消费习惯来扩大需求。限于收入有限和农村自给自足生活方式，一个农民在农村日常消费的工业品较少，对服务性产品的消费需求几乎为零。统计数据显示，改革开放的初期，我国农村居民消费支出当中有超过 40%是以非现金形式表现出来的，直到 2010 年，全国农村平均仍有 14.2%的消费比例是非现金形式的。当农村居民转化为真正的市民之后，由于工资收入和生活消费水平提高以及生活方式的改变必然会产生大量的新增工业品和劳务的消费需求。因此城乡消费需求落差的客观存在，使得中国城市化过程能够通过将这种需求落差转变为真正的有效需求，推动内需经济增长。这种有效需求增长效应源自于客观存在的城乡收入、生活差别与个体利益最大化共同作用的结果。农民自身作为一个理想的经济人追逐利益最大化是他的必然属性。由于我国特殊的二元结构经济社会，城乡之间存在着收入以及就业、社会保障、教育、医疗等系列差距，为了追求个体利益最大化，农村居民必然会而且发自内心希望能够成为真正的市民。因此说，城市化过程内含着扩大了的潜在需求，这种需求是已经客观存在的，它不需要创造，只需要我们利用某种手段或者机制来启动，就可以变潜在需求为现实有效需求。这种潜在需求的大小与居民的收入增长成正比。

### 3.2.2 城市化过程的投资需求

城市化过程能够将大量潜在的需求转变为现实有效的需求。这些潜在的需求不仅包括农民转变为市民所增加的生活方面的消费需求还包括这些需求所引致的各种城市投资需求。由于这种需求内生于农转非过程，我们把这种城市人口增长所带来的投资需求称之为城市化内生投资需求。之所以把这种需求定义为城市化内生投资需求，是为了把这种需求与政府主导的短期刺激经济和地方政府政绩性投资需求区别开来。因为政府主导的投资大多数是一种外生性需求，这种外生性投资需求不仅对内需经济增长的作用较小而且更多时候会对扩大内需起到相反的作用。城市化内生需求和政府外生性投资需求的概念是本文的一个创新，明确这两种投资的区别对城市化有效推动内需主导型经济增长具有重要的意义。

内需主导型经济增长的基础是投资需求和消费需求。其中消费需求是决定性的需求也是最终的需求，内生性投资需求是引致性需求，它的路径是农转非→消费需求→投资需求，或者是农转非→投资需求。中国近些年城市化过程出现的投资过热现象，就属于非内生性投资需求，它是政府主导下为了拉动 GDP 的投资，这属于政府政绩投资，因此属于外生性投资。判断一项投资是否属于城市化内生投资，主要看其对内需经济增长的促进作用与期效，外生性投资拉动经济增长期效一般较短，而且有可能后期产生抑制作用。

例如，为了保证经济增长的速度，国家加大了高等级公路建设的投入，由于这些投入资本的回收是依靠公路收费来偿还，这样就会加大经营运输的成本造成产品价格上涨，最终抑制了消费需求。一些县级城市盲目投资建设机场，这都属于外生性投资需求，这些投资除了建设期会拉动当地 GDP 增长，建成后由于客源不足，基本属于负债经营，给当地政府背上沉重债务负担，对经济增长产生负面影响。城市化内生投资需求的主要特点在于这些投资会对经济的长期增长产生促进作用。

例如，城市人口增加，政府加大了经济适用住房和廉租房的投入，降低了城市生活成本，城市生活成本降低有利于企业生产经营成本降低，企业生产成本降低、盈利能力增强会给地方政府带来更多的收入，地方政府收入能力增强可以进一步加大城市化的投入，最后产生循环累积增长效果。

### 3.2.3 城市化新增有效需求

城乡居民需求差距所蕴藏的潜在消费需求，在农村居民转化为城市居民后就会转变为现实的有效需求增量。中国城市化长期滞后于经济的增长，目前 13 亿人口中还有一半以上居住在农村，过着一种半自给自足的生活，这是一个有着巨大需求潜力的庞大群体。加快城市化的步伐，大量农村人口转变为城市人口，将会带来需求的大幅增长。这种需求增量会伴随着农转非自发同时产生，其主要表现在以下几个方面：

(1) 农村居民新增消费需求。由于农转非减少了农村剩余劳动力，使得农村人均土地面积增加、农业生产率提高，农民人均产出增加进而收入增加；此外城市人口增加也会造成农产品需求增加带来农民收入的增长。最后，随着农村居民收入的增加，农村居民在交通和通讯、医疗保健、教育和文化休闲娱乐等消费需求也会快速增长。

(2) 城市化内生投资需求增量。城市人口增加会带来城市规模的扩大进而引致城市建设、公路、桥梁、水利建设的大量新增投资需求，这种需求随着城市人口的增加而逐步增长，随着城乡差距的缩小而逐步减少。

按照我国目前的城市化水平，至少还需要将 4 亿左右的现有农村劳动力转移到城市才能够达到发达国家的城市化水平。这就需要我们建成或扩建能够容纳 9 亿人口的城市，城市人口的增加会带来住房需求的增加，同时拉动房地产行业的投资并带动通电、通水、通路、通气、通暖等投资增加。城市规模的扩大会带来政府基础设施的投资增长，城市人口规模增加和城区扩大会促使政府扩大道路、交通、桥梁、排水、垃圾处理等市政方面的建设投入。城市化的发展还能够带来社会公共支出方面投资的增加。城市人口数量的增加会带来对教育、医疗方面投资的增加。而住房需求的增长又会带来建材、家电、家具等相关消费品行业的需求增长。特别是随着城市化过程中道路交通等基础设施的完善，汽车将快速进入普通居民家庭促进消费的扩大。此外，城市公共绿地、公用设施和科学文化卫生设施的建设，将显著改善城市环境，提高城市品位，吸引更多的人口进入城市扩大消费需求。

(3) 劳动力需求增量。农转非进城的新增城市居民必然产生衣食住行、科教文化、卫生、服务管理等各种劳务新增消费需求，这些新增需求自然会引致相应的新增就业岗位需求。根据我国过去的城市发展经验，每增加 100 个城市劳动人口，就能够新增至少一半的工作岗位以提供水、煤、电、气、邮政、交通运输、贸易、餐饮、房地产、科教、文化、卫生、政府管理等各类服务。如果在未来 10 年里新增加 1 亿人口，则至少能够带来 0.5 亿个新增就业机会来提供各类服务。此外，随着中国城市化的发展，人民生活质量的提高，将会带来更多基本生活用品需求的增加。为了满足这些需求，也需要大量的劳动力就业。

## 3.3　城市化过程需求增长效应

在市场竞争条件下，伴随着农村人口不断迁移到城市，整体国民经济将会产生大量新增消费需求，这些新增消费需求又会以乘数效应扩张到城市其他不同的生产部门。这些新增需求的大小恰好等于城市新增人口就业所创造的国民产值的增量。也就是说城市化过程的农村剩余劳动力非农就业能够自动创造出新的需求并且能够实现产品的供求均衡。城市化的新增需求效应主要包括消费增长效应、收入增长效应、资本重置效应和乘数增长效应。

### 3.3.1 农转非消费增长效应

假设农村原有人口数量为$N_r$，当$\Delta n$个农村居民转移到城市转变成城市居民之后，这时的农村的人口数量就减少到$N_r-\Delta n$。如果不考虑来自国际市场的出口需求以及地方政府的消费需求和投资需求，那么农转非前的整个社会全体居民对非农产品的有效需求是：

$$D_u = c_r N_r + c_u N_u + \varphi\delta N_u;$$

此外，$\Delta n$个农民农转非成为城市人口以后，农村剩余人口对工业品和服务的需求仍然保持原有水平$c_r$不变，那么这时全体居民对非农产品的有效需求则相应地变化为：

$$D_u^{'} = c_r(N_r-\Delta n)+c_u(N_u+\Delta n)+\varphi\delta(N_u+\Delta n)。$$

对农转非前后工业品以及服务需求变化进行简单的减法运算就可以得到：

$$\Delta D = D_u - D_u^{'} = \Delta n(c_u - c_r)+\Delta n\varphi\delta$$

这就是农转非后全体居民对非农产品新增的消费需求量，这些新增工业品和服务需求增量构成了城市化的消费增长效应。一般地如果$c_r$不变，我们对农转非前的全社会非农产品总需求等式直接进行简单的求导，便可以直接得出农转非的人均消费增长效应。之所以这里没有考虑出口需求以及政府支出的外生需求，就是因为这些外部需求不会随城市人口数量的变化而产生变化，因此忽略这些外部需求不会影响我们要讨论的结果。

每一位农村居民在农转非成为真正城市居民以前，其对城市部门生产的工业品和服务的消费需求水平较低，人均消费为$c_r$元。当这些农村居民转化成为真正的城市居民后，城市高水平的物质生活促使其必须增加比农村更多的工业品和服务消费，这时其平均消费达到了一般城市居民的平均水平$c_u$。这时每一位新增城市居民的产品消费需求增量为$c_u - c_r$，$\Delta n$个农转非居民的非农产品需求增量为（$c_u - c_r$）$\Delta n$。因此说，农村转移到城市的新增人口的非农产品及服务消费水平从农村平均水平增加到城市居民的非农产品消费需求水平的需求增量构成了城市化过程的需求变化的消费增长效应。

城市化过程所形成的工业品和服务需求的消费增长效应，需要具备一定的约束条件才能够实现，这些具体实现条件的分析我们留待下一章分析。此外，农村居民转变为城市居民以后，这些需求增长效应的大小以及提高的速度和城市原来居民的平均收入水平以及城市的生活成本有很密切的关系，并且具有区域性的增长差异。最后城市化消费增长效应具有一定的时滞性，因为消费习惯的改变以及就业的增长需要经过一段时间后才能够产生互动作用。

### 3.3.2 城市化过程的资本重置效应

前面我们曾经论述到，任何企业的发展都必须建立在市场需求基础之上，离开了市场需求，企业的生产不仅不会起到推动经济增长的作用，反而会形成了资源的浪费。也就是说，建立在市场需求基础之上的资本与劳动力的结合共同推动了经济的增长。城市化过程的非农化转移无疑能够产生新增的市场需求，那么相应地企业也需要追加投资才能够满足城市新增就业资本的需求进而生产出这些新增市场需求。这就是说城市化过程必须预留部分价值的工业品产出用作未来扩大生产的重置投资，这种城市化引起的新增生产消费需求，被称之为城市化的资本重置效应或资本追加效应。资本重置效应的意义在于，农村劳动力农转非进入到城市以后需要实现新的非农化就业，这样就会自动产生出新的就业岗位相关投资产品的需求即生成新的生产资料投资需求增量。这部分新增生产性需求主要包括两个方面：首先，在农村剩余劳动力转移到城市以前，必须有相关就业所需的生产资料供给，只有满足了新增就业的投资，才能够为这些城市新增劳动力提供出必要的就业机会，企业才能够聘用更多的劳动力从事生产。此外，农村劳动力非农化就业生产所创造出的产品价值必须大于其自身再生产所需要的价值才能够满足企业的再生产需求。这部分多出来的增加值就包括就业资本的重置或追加部分。换句话说就是一个城市新增劳动力所能够提供的工业品和服务产出价值必须大于其农转非所增加的对非农产品的需求，这样才能够实现再生产。

可是，我们知道，当一个农村劳动力农转非以后会产生工业品和服务消费的需求增量 $c_u - c_r$ 以及新增劳动力就业需求增量 $\delta$ 和工业品重置增量 $\delta(1-\varphi)$。而农村劳动力非农化转移的前提条件是城市必须能够为他们提供充足的就业机会，这些就业机会又来自于城市的新增消费需求，否则没有足够多的新增消费需求，企业就不会扩大生产，也就不可能产生新的工作岗位。而实现这一条件的要求就是：城市新增农转非就业人口所产生的工业品和劳务的消费需求增加量至少应该大于或等于其就业后所能够创造出的新增非农产品供给量，这样才能够保证农转非后的充分就业。也就是说，农村劳动力转化为城市人口新增的需求所创造的新增就业人数必须大于或等于其实际工业品及服务消费需求增量所需要的就业市民数。否则，城市化就会因就业不足引起停滞。这样，工业产品供求均衡存在的条件就和城市化充分就业条件产生了恰好相反的矛盾。但是，值得庆幸的是，城市化所带来的需求增长效应并不只是消费增长效应和资本重置效应这两种效应，它还包括收入增长效应和需求引致效应。

### 3.3.3 城市化的收入增长效应

在本章开始时的农村劳动力需求分析中曾经提到，我国由于可耕种土地资源有限，农村存在着大量的隐性失业或者说大量剩余劳动力，这些剩余劳动力不仅降低了农业部门的产出效率而且参与分配降低了农村的人均农业收入。如果通过城市化将这部分劳动力转移到生产效率高的城市工业部门，不但可以提高他们自身的收入水平而且能够促进农村剩余人口的人均收入增加。

根据中国的具体情况，首先，我们假设中国农村实际农业劳动力人口大于零边际产值农业劳动力人口数，城市化以前的农村人口数为 $N_r$，农村居民人均收入为：$p\overline{Y_r}(1-\varphi)/N_r$。城市化以后有 $\Delta n$ 数量的农村居民转化为城市居民之后，这时农村居民人均收人变化为：

$$p\overline{Y_r}(1-\varphi)/(N_r-\Delta n)。$$

进一步计算可以得到城市化带来的农民人均收入增长率等于：$N_r/(N_r-\Delta n)-1$，从农民人均收入增长率不难看出，在农村剩余劳动力大于零边际产值的实际农村劳动力需求数量越多的前提下，农转非的人口数量越多，城市化引起的农民收入增长率也越高，直到农转非后农村劳动力数量等于零边际产出农业劳动力实际需求数量时，这一增长才会停止。将农村居民的人均收入增长率 $N_r/(N_r-\Delta n)$ 乘以城市化前的农村居民人均收入 $p\overline{Y_r}(1-\varphi)/N_r$ 就可以得到城市化引致的农民人均收入增长量为：

$$p\overline{Y_r}(1-\varphi)/(N_r-\Delta n)-p\overline{Y_r}(1-\varphi)/N_r$$

我们在前面曾经假设城乡居民在农产品消费数量方面不存在差别并且消费数量不随着收入的增长而发生变化。此外，根据恩格尔消费定理，随着人们收入的增长，居民用在食品方面的消费比重将会下降，在工业品和服务方面的消费需求将会增长。这也就是说，随着城市化带来的农村居民人均收入的提高，农村居民将会增加对工业品和服务需求。农转非的人口数量越多，其所带来的收入增加也越多，农村居民非农产品的需求量也越大。

我们在分析城市化的消费增长效应时，曾经假设农村居民的非农产品的消费需求不随着城市化过程中农村人口的变化而发生变化，这样做的目的是为了便于观察农村居民城市化前后的总需求变化情况。显然这种假设不符合现实情况，因为随着城市化的发展，农村居民人口数量发生了变化，其收入也得到了相应的提高，农村居民对工业品和劳务的需求也发生了变化。现在我们重新进行条件设定，以得到城市化过程需求变化的真实状况。

假设$\Delta n$个农村居民转变成城市人口之前，农村人口数为$N_r$。如果不存在对外出口和政府的消费支出，此时，城乡所有人口对非农产品的有效需求是：

$$D_u = c_r N_r + c_u N_u + \varphi \delta N_u$$

当$\Delta n$数量的农村人口转变为城市居民后，这时农村人口数量为$N_r - \Delta n$，

城市人口数量变为$N_u + \Delta n$，那么城乡所有人口对工业品和服务的有效需求就相应地转变成为：

$$D_u^{'} = c_r^{'}(N_r - \Delta n) + c_u(N_u + \Delta n) + \varphi\delta(N_u + \Delta n)$$

根据我国的具体国情，由于可耕种土地数量的限制和大量的超过零边际产出劳动力需求的农村剩余劳动力的存在，农业总产出价值$p\,\overline{Y_r}$基本保持不变，由于

受到恩格尔定律的影响作用，农村居民随着收入水平的提高对工业品和服务的需求 $c_r$ 开始不断增长。或者说，工业部门的产品和服务的市场需求随着农村人口的减少而增加，随着城市人口的增加而增加。即非农产品市场需求与农村人口数量成反比，与城市人口数量成正比。对城乡总人口城市化前后工业品和服务需求的变化数量进行简单的减法运算，很容易地就能够得到全体居民对工业品和服务的需求变动差额：

$$D_u^{'} - D_u = (c_r^{'} - c_r)N_r + \Delta n(c_u - c_r^{'}) + \Delta n\varphi\delta$$

我们把这个城市化所带来的工业品和服务的需求增长差额称之为城市化的非农产品需求效应。

这个等式的右边包括 3 个部分，其中 $(c_r^{'} - c_r)N_r$ 部分，为农转非前后农村居民工业品和服务需求数量增长额，其大小和农村居民农转非前后的人均收入有关，可以称之为城市化的收入增长效应[3]；$\Delta n(c_u - c_r^{'})$ 部分等于全部农转非人口成为城市居民后带来的工业品和服务需求的增加量，称之为城市化的消费需求增长效应；等式最后部分 $\Delta n\varphi\delta$ 为城市化后的为了满足扩大了的市场需求解决新增就业人口资本所需的再生产资本，称之为城市化的资本重置效应。

### 3.3.4 农转非需求引致效应

需求引致效应是指某种需求不但直接产生消费或投资，而且带动相关产品服

[3] 这种城市化所产生的收入增长效应一直持续到农村人口的工业品和服务需求水平等于城市居民的消费水平才能够消失。也就是说城乡差距消失，城市化的收入增长效应也会随之消失。

务需求或投资需求的增加进而拉动一系列相关需求的增长。例如，新增市民购买一部智能手机，不仅会带来手机贴膜、手机外套、手机相关软件消费需求增加，此外还会带来电信行业网络方面的消费增加。摩根斯坦利调查报告称截止 2011 年 9 月苹果手机在中国销售额突破 90 亿美元。如果把相关产业销售计算进去，可知消费总额一定可观。城市人口增加带来了城市住房需求的增加，需求增加会吸引新的房地产商的投资，新的投资在对当地收入和就业产生影响的同时，也带来了对当地钢材、建材、装饰、运输等行业需求的增加，这些行业又会各自对自身生产的上下游企业产生需求的影响。

图 3-2 展示了某项新生产活动预期对当地经济影响的作用机制。

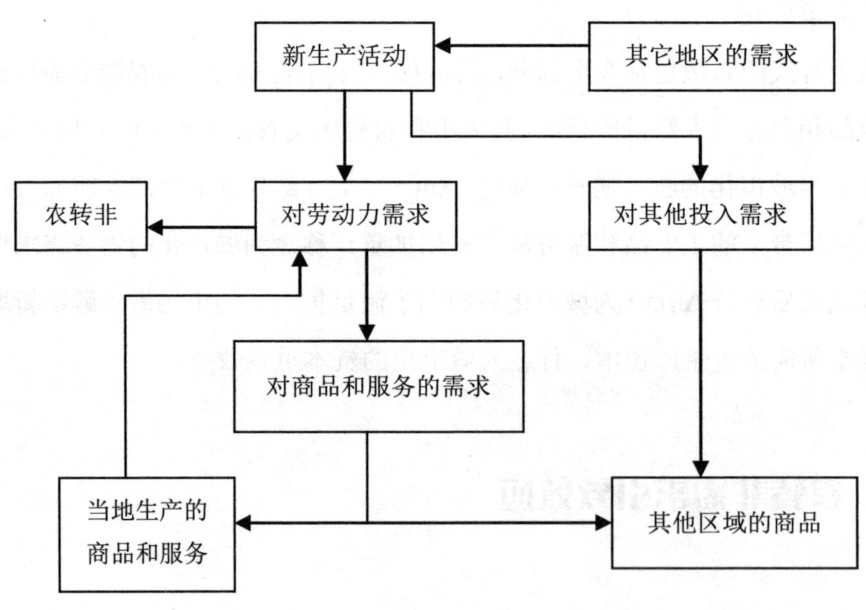


**图 3-2　新生产活动对就业、产出影响**

新增生产活动需要劳动力，吸引农村剩余劳动力加入。新的生产活动通过对同一城市其他产业产品直接购买以及人们由于就业和收入的提高进而产生的对城市非农产品的购买增加这两种方式影响城市其他企业。而反馈效应能够产生进一步影响：当地提供消费品产业为了满足人们对其自身产品新增需求，扩大了生产规模，需要从建筑业中获得更多的劳动力以及更多的投入。

## 3.4　城市化需求效应的生成机制

本节通过图 3-3 描述城市化的需求效应生成机制，并详细给出城市化将城乡居民的消费需求水平差距所蕴藏的潜在需求能力转变为现实有效需求的过程。

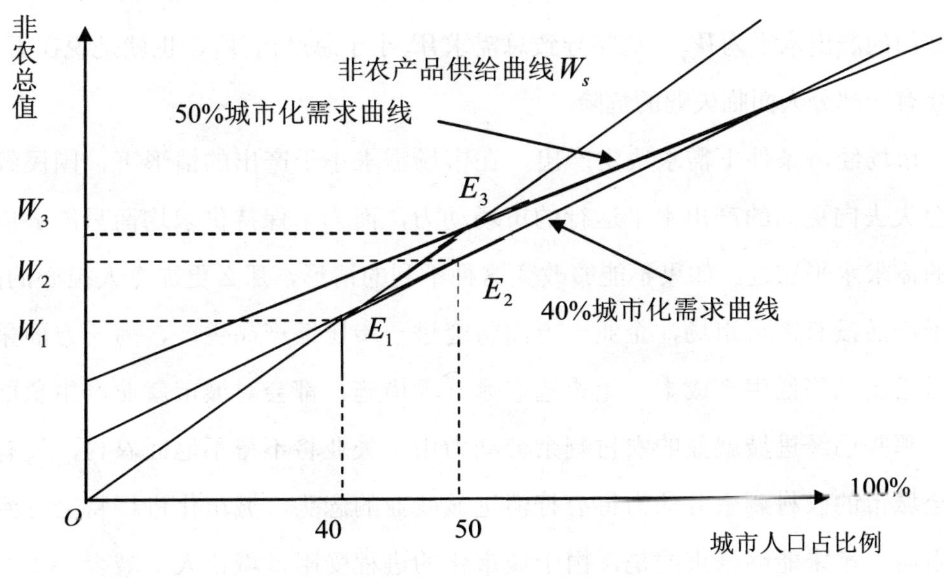


图 3-3　非农化需求效应变动

首先假设起始的城市化水平为40%时，非农产品的供需在$E_1$达到均衡，此时的工业部门生产供给量为$W_1$量，城乡间居民的非农产品需求差距为$c_u - c_r$。假若城市化水平从现在的40%上升至50%。这时我们可以看到，由于城市人口比重从40%增加至50%导致了工业部门产品需求的增加，为了满足市场需求，工业品产出水平从城市化水平40%时的$W_1$增加至城市化水平50%时的$W_2$；居民的非农产品需求沿着城市化水平为40%的需求曲线从原来的均衡点$E_1$上升到$E_2$点。这时非农产品产出之差$W_1 - W_2$所内含的经济学意义就是城市化过程所产生的消费增长效应$(c_u - c_r)\Delta n$和资本重置效应$\Delta n\varphi$。

但是，占总人口10%的农村人口通过农转非成为城市居民以后，消费增长效应和资本重置效应所增加的需求只能够使总需求达到$W_2$水平，而在50%城市化水平时的非农产品供给水平为$W_3$。这就产生了一个市民产品的供求缺口$W_3 - W_2 > 0$。这表明如果按照原来的需求曲线，占人口50%的城市居民的需求在点$E_2$仅为$W_2$。很明显$E_2$点并不是国民经济的均衡点。进一步分析可以发现，如果城市化拉动的需求只能够达到$E_2$点的$W_2$水平，那么50%的城市化水平时工业部门的产出水平为$W_3$，这将导致总需求$W_2$小于总产出$W_3$，也就是说在$E_2$点将会有一部分人面临失业的危险。

市场经济条件下需求决定产出，在市场需求小于产出的情形下，国民经济就会失去向更高的产出水平运行的市场动力，而为了保持供求均衡只能够向较低的需求水平靠近。如果不能够改变这种不利的情形，那么更加令人担心的是，由于产品没有需求市场，企业一方面将会进一步压缩产品生产，另一方面采取裁员措施以降低生产成本。无论选取哪一项措施，都会对城市就业产生负面影响。那些已经进城就业的农村剩余劳动力由于失业将不得不返回农村，没有迁移至城市的农村剩余劳动力将会打消进城就业的念头，城市化进程将会受到严重阻碍。远未能够结束的是，由于城市化的进程受阻，城市人口减少，工业部门产品需求将会进一步缩减，这样又会产生新的供求缺口，最终导致供求均衡点重新回到$E_1$为止。不过值得庆幸的是，城市化的需求增长效应还未结束。占人口 10%的农村居民农转非后将会带来农村居民人均收入的增长。而农村居民人均收入的提高会导致对工业品消费需求从原来的$c_r$量增加至$c_r^{'}$量，即城市化过程所产生的收入增长效应。

农村居民工业品和服务消费需求的增加，提高了整个社会全体居民的最低生活消费需求[4]。这时，工业部门的产品需求曲线在纵轴上的截距将会从原来的$c_rN$上升到$c_r^{'}N$。同时，城乡居民的需求差距从$c_u - c_r$降低至$c_u - c_r^{'}$，工业部门的产品需求曲线的斜率也从原来的$\delta\varphi + (c_u - c_r)$倾斜至$\delta\varphi + (c_u - c_r^{'})$，变得比原来较为平坦。

这样就生成了一条新的城市化水平为 50%的工业品需求曲线。与原来城市化水平为 40%的工业品曲线相比较，新的工业品需求曲线的斜率与截距都不相同。50%城市化率的新需求曲线不仅包括城市化所导致的收入增长效应而增加的工业品需求，也包括了城乡需求差距的缩小。这条 50%城市化率新的工业品需求曲线与工业品供给曲线相交于$E_3$点。在$E_3$点工业品的供求达到平衡，工业品产出值增加到$W_3$。这时$W_3 - W_2$的差额其实就等于$\Delta n(cp + c_r)$，即城市化的收入增长效应。很显然，在本文的模型范围内，$E_3$是最终的工业品供求均衡点，在这一点不存在任何力量能够使经济偏离供给均衡的位置。经过一系列的变化，城乡居民的消费需求差距变小，工业品的产出水平从$W_1$增加到了$W_3$。该增加值包括了占总人口比重 10%的农村人口城市化所导致的消费增长效应、收入增长效应以及资本重置效应。

城市化需求效应的生成机制随着农村人口转变成为市民开始作用，首先由于城市人口增加导致了消费增长效应，这时会产生一个供给缺口。随着城市化的发展，农村剩余人口的人均收入也不断增长，这会进一步带来农村居民对工业品需

---

[4] 中国农村居民的平均消费水平代表了中国的最低消费水平。

求的增加，同时也弥补了消费增长效应所生成的供给缺口，工业品供需达到了一个较高点的均衡，城乡居民的需求差距缩小。这样随着城市化的不断推进，工业品供需不断地向高点上升达到新的均衡，城乡居民的需求差距也逐步缩小，直到城乡需求水平一致，城乡需求差距完全消失。

## 3.5 城市化推动内需经济增长的机制

### 3.5.1 影响农民农转非的因素

刘易斯(1950) 建立的人口迁移模型认为，不发达国家的主要经济特征表现为城乡二元结构。城市现代部门的发展吸引农业剩余劳动力流入城市，随着资本存量不断扩大，农村剩余劳动力转移到城市非农部门的规模也在不断扩大，直到农业部门的剩余劳动力全部被工业部门吸收净为止。但是刘易斯只考虑到了农村剩余劳动力对企业扩张的贡献而没能够考虑农业剩余对农转非的影响。拉尼斯-费景汉进一步完善了刘易斯的理论，拉尼斯-费景汉认为，农村剩余劳动力流向城市的先决条件是农业生产率提高而农业出现剩余产品。

乔根森(1961) 建立的新二元经济发展模型认为需求结构发生变化是农村劳动力非农化的主要原因。他认为农村劳动力之所以持续地转移到工业部门，是因为人们对农产品的需求有限，而对工业产品的需求无限，当农产品能够满足人口增长需求并且产生剩余时，农业部门的发展就会受到限制。这时，农村劳动力就会转入到城市的工业部门，以实现工业品生产规模扩大的需求。托达罗认为，一个农业劳动者决定他是否迁入城市不仅与城乡间的实际收入差异有关，而且也与城市的就业率有关。但是只要城市的预期收入高于农村，即使城市存在失业，农村人口也会向城市迁移。推拉理论认为农村劳动力向城市的迁移是在推力和拉力以及反推力、反拉力权衡比较下做出的选择。只有当促使农村劳动力迁移的正面力量大于阻碍其转移的力量时，农村劳动力才会做出转移决定，反之，将不会发生转移。对农村劳动力来说，城市必然同时存在着吸引他的拉力，和排斥他的推力；农村也存在着促使他离开的推力和值得留恋的拉力。农村常见的推力主要有：收入水平较低、就业机会少、生活条件差、可耕种土地匮乏等因素。而城市常见的拉力主要有：更多可供选择的就业机会、较高的收入、优越的生活条件和环境、便利的交通等都可以成为强有力的拉力。从上述理论可以推出，影响农村人口非农化的主要影响因素包括：收入、就业机会、非农业部门发展、生活质量以及生活环境。

目前我国的劳动力流向主要由中西部欠发达地区流向东部发达地区，由农村流向城市。农村人口流向说明迁移动因主要与城市就业机会和收入水平有关。国务院发展研究中心课题组 2010 年 7 月开展的农民工市民化主题调查显示，城市吸引农民工的主要内容依次为：良好的教育条件(37.4%)，较高的社会保险(36.6%)，城市生活条件好(30.7%)，就业稳定(29.2%) ，低保和下岗扶持等措施(24.6%)，高水平社会福利(18.5%)，政府保障性住房或廉租房(16.9%)，身份平等(7.2%)，子女高考升学容易(6.1%)。根据已有理论研究和中国调查问卷，本研究归纳出非农化主要影响因素为：城乡收入差距，城市就业机会，城市预期收益，城市的住房、医疗、教育、社会保障等公共服务。

### 3.5.2 影响企业投资需求的因素

首先企业作为一个经济利益主体，利益最大化是企业的根本属性。企业投资和扩大生产的依据是市场，没有市场企业就会失去投资的冲动。市场的基础是需求，因此，影响企业行为的最基础本质的因素是投资。

第二，同类产品生产企业的竞争力也关系到企业决策。当同类型企业因为市场聚集在一起时，企业之间为了获得更大的市场彼此之间会产生竞争，这当中包括人力资本竞争以及产品竞争，竞争的加剧会促使企业加大创新投入的力度以获取竞争优势。在某种程度上也可以说市场需求是创新的动力。相关企业主要指上下游企业间的交易成本也是影响企业的重要因素。城市化的集聚效应使得相关企业集聚在一起有利于成本降低，促进生产的扩大。

### 3.5.3 影响政府投资需求的因素

政府在一个地区不仅是市场的管理者和监督者而且也是公共服务的提供者。政府的投入主要来自于政府收入，而政府收入来自于企业的税收。企业规模、数量和企业的盈利能力决定了政府的收入，政府的收入决定了政府在公共服务支出的投入力度。但是，政府的支付能力最终还是取决于需求，没有需求就没有市场，没有市场就缺乏投资热情。因此，市场需求是决定政府投资的最重要因素。企业、政府和农村劳动力三个决策主体的相互关系如图 3-4 所示。

### 3.5.4 内需经济增长过程各因素因果链及内生关系

城市化推动内需经济增长是通过内生于城市化过程中的各因素相互作用的结果，弄清楚它们之间的相互因果关系，并找出各因素相互作用的机制，是建立城市化推动内需经济增长机制的前提条件。由以上各因素决定的因果关系链及其结构如图 3-5 所示。

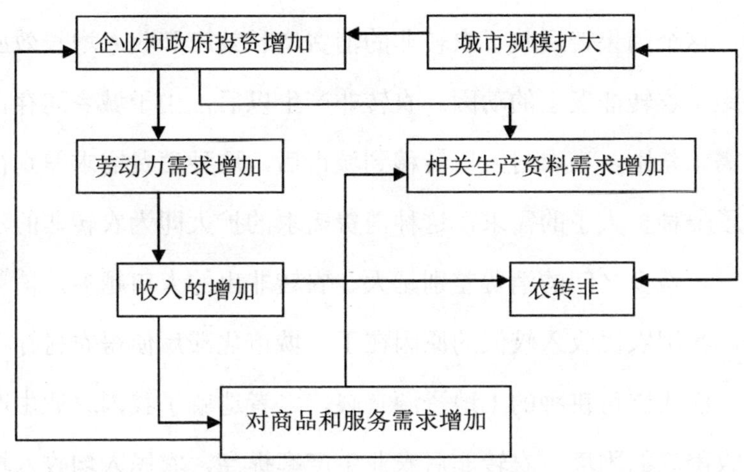


图 3-4　农村劳动力、企业、政府三者之间的相互关系

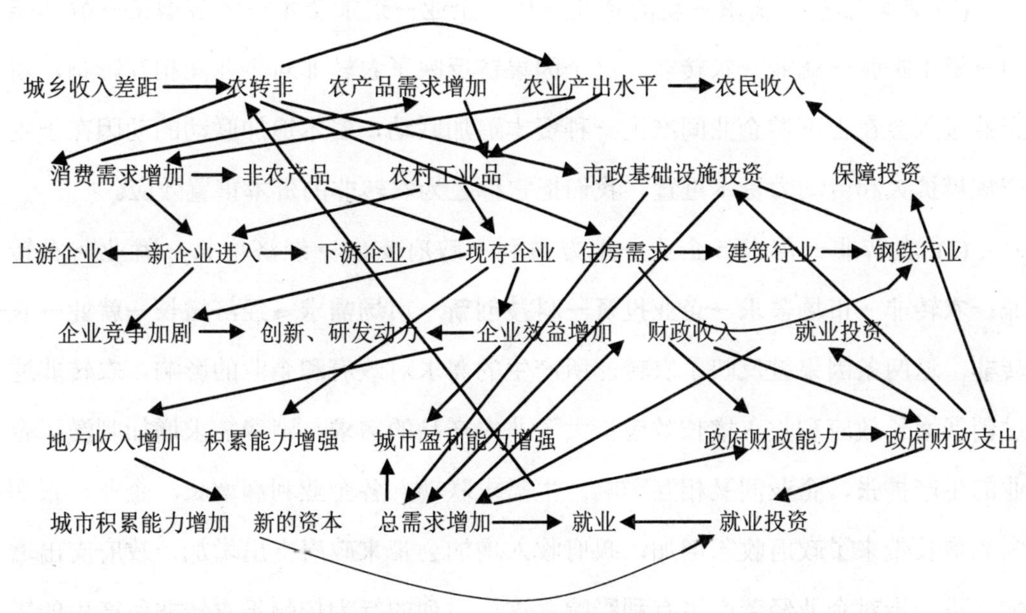


图 3-5　农转非对需求影响关系因果示意图

城市化推动内需经济增长过程中因果关系链存在以下几个过程：

(1) 城乡差距→农转非→消费需求增加与农转非→农业生产率提高→农民人均收入增加，这个因果链反映了农转非的消费增长效应和收入增长效应。城乡之间存在着差距是农转非发生的动因。农转非产生以后，由于城乡间存在着一种内生性的消费需求差别，当农村人口转移到城市后，这种消费需求差别得以消除能够释放产生了一种扩大了的需求，这种消费需求的扩大即为农转非的消费增长效应。一般来说，城乡之间的消费差别越大、农转非出的人口越多，消费增长效应越大。此外，我国农民收入较低的原因在于，城市化滞后使得农村存在着大量的剩余劳动力，而我国可耕种的土地资源有限，二者造就了我国农业生产率难以提高，农民增收困难的困境。农转非后农业生产率提高，农民人均收入增加，这样农村居民就有更多的钱消费非农产品，增加工业品和服务的需求。这就是农转非的收入增长效应。

(2) 农转非→总需求→新的企业→相关企业→追加资本→经济增长→盈利能力→资本扩张→就业→农转非。这个因果链反映了农转非对企业间相互影响，新企业进入会在上下游企业间产生一种资本追加联动，资本追加联动的动因在于生产规模扩大和劳动力资本重置，我们把它称之为农转非的资本重置效应。

(3) 农转非→需求→企业→地方盈利→政府支出→经济增长→就业→农转非；农转非→市场需求→企业投资→科技创新→市场需求→经济增长→就业→农转非。这两条因果链反映了农转非所产生的需求对政府和企业的影响。农转非通过消费增长效应和收入增长效应扩大了非农产品的需求；消费需求增加刺激了企业的生产扩张，企业间又相互影响产生需求联动，各企业利润增长。企业扩张和利润增长带来了政府收入增加，政府收入增加会带来政府支出增加，政府支出增加又进一步对企业经营产生有利影响。这一系列的行为依赖于农转非所产生的需求引致效应。

### 3.5.5 农转非推动内需经济增长的机制

从上面的因果关系链可以看出，城市化过程中的农转非所产生的消费增长效应、收入增长效应、资本重置效应以及需求引致效应构成了城市化推动内需经济增长的主要机制。这几种效应可以概括为农转非的需求效应。农转非的需求效应来源于内生于城市化过程的消费需求和投资需求。这种内生性的投资需求和消费需求推动企业生产扩张和产出增加，同时也推动了政府的投资增加，进而拉动了经济的增长。城市化推动下的内需经济增长机制产生作用的核心基础是内生需求，内需的生成基础则是农村居民和城市居民在产品消费上质和量的差别。这种质和量的差别内部蕴藏着对非农产品需求的巨大潜在需求势能。城市化过程中农转非则能够将这种巨大需求潜能转化为现实的有效需求。因此，城市化推动内需经济增长的动力来源是城市化过程中农转非自身内生的需求势能。

# 第 4 章　城市化推动内需经济增长的实证分析

理论研究表明城市化过程的农转非能够通过消费增长效应、收入增长效应、资本重置效应以及需求引致效应推动内需经济增长。根据上述城市化推动内需经济增长机制分析研究，本章分别提出理论命题加以检验。

## 4.1　城市化与内需经济增长的互动关系

理论命题 1：城市化与经济增长之间存在着内在相互影响机制。城市化过程的农转非可以促进非农产品需求增加，从而推动企业产出增加拉动经济增长；经济增长可以提高城市就业水平反过来促进农转非进程。

改革开放以来，出口导向的经济发展战略一直是保持中国经济持续增长的强大引擎。然而，2008 年下半年开始的世界金融危机对中国实体经济的冲击，使人们认识到，出口导向型的经济增长模式存在重大隐患。尤其是，面对后危机时代外部摩擦加剧、国内需求与资源约束的挑战，通过寻找经济增长的新的动力源，以保持今后的可持续强劲增长已成为摆在我们面前的重大课题。一些有识之士认为，城市化这个迄今一直落后的改革领域，必将为中国未来经济的强劲增长发挥更大作用。于是，城市化驱动经济增长的研究一时间成为学术界研究的热点。

但我们发现，由于城市的外部性经济性质，城市化不仅构成工业化和经济增长的重要驱动力，它也决定于工业化和经济增长水平。也就是，城市化与经济增长是相伴相随、关联互动的。只强调城市化的单向的作用，或把城市化和经济增长视为两个整体不同的系统进行研究，忽视对城市化和经济增长系统构成特征指标关联影响程度大小的深入分析，很难深刻地认识城市化与经济增长之间的内在相互作用机理。

### 4.1.1 文献综述

研究城市化与经济增长之间的互促共进的内在关系以及相互影响程度大小，对于开发内需主导经济增长战略具有重要的意义。本节基于中国 1990－2010 年统计数据，把城市化与经济增长进行特征指标分解，对二者互动过程中的关键影响因素进行分析。这项研究有助于我们更好地认识城市化与经济增长之间的作用规律，对于我国经济发展的相关政策调整具有重要现实意义。

已有大量文献显示，城市化水平和经济增长之间存在显著正相关关系。贝里(1965) 选用 95 个国家的 43 个变量进行主成分分析，证明经济增长与城市化存在正相关关系。兰帕德(1955) 、Kao(1998) 、Henderson(2000) 利用多国数据对城市化与经济增长之间关系进行动态研究发现，城市化水平越高，人均 GDP 也越高，二者之间具有较强正相关关系。Venables(1996) 和藤田昌久(2000) 分析了城市化影响经济增长的机理，利用要素流动驱动模型和投入—产出模型，证明人口和经济活动地理上的集中会产生循环累积效应、劳动力市场共享效应和信息技术外溢效应，从而通过“集聚效应”和“规模效应”拉动经济增长。World Bank(1996) 运用 1978—1995 年间数据，计算出劳动力从农村农业部门转移到城市非农业部门对中国经济增长贡献率为 16%。Brown & Rigby(2008) 运用加拿大 1989—1999 年地区面板数据论证了地区规模的外部效应和集聚效应的显著存在是推动地区经济增长的主要因素。

我国学者也对城市化与经济增长之间关系进行了大量研究，同样发现二者之间存在显著相关性。周一星(1995) 利用 157 个国家数据分析发现城市化与经济增长之间是一种对数曲线关系，相关系数为 0.907。钱陈、史晋川(2006) 基于城乡两部门分析了城市化与农业生产的关系，认为城市化可以提高农业生产率进而影响经济增长。段瑞君、安虎森(2009) 运用格兰杰因果检验、状态空间模型和向量自回归模型对城市化与经济增长之间关系进行了实证研究发现，城市化对经济增长具有很大促进作用，相反经济增长对城市化的影响有限，城市化通过扩大内需促进经济增长。国务院发展研究中心课题组(2010) 通过建立区分农村居民、农民工、城市居民三类居民理论框架，证明通过农民工市民化可以缩小收入差距、提高城市规模增加人力资本渠道推动经济均衡增长。

值得注意的是，以上关于城市化与经济增长关系的研究，主要集中在城市化与经济增长的相关性、作用机制、路径以及因果关系理论与实证方面，并且普遍使用国家或地区总体水平指标进行分析，很少把城市化和经济增长视为一个内在相互作用的动态系统进行研究。不同的国家和地区之间资源禀赋不同，制度和政策以及市场化成熟度不同，因而城市化和经济增长相互影响的关键因子就不同。关键因子遴选分析对具体某一区域城市与经济增长关系研究更具指导意义。

城市化与内需经济增长之间是一种互促共进的关系已经得到理论界的一致认可。但是对于城市化和经济增长互动发展过程中的关键影响因素，专家和学者有着不同的看法。城市化与内需经济增长的互动发展，是城市化与经济增长组成的系统内部各要素相互作用的结果。由于城市化促进内需经济增长过程中的自然条件和人文环境不同，使得二者互动过程的主要影响因素不同，最终产生的经济效率也就不同。系统在动态发展过程中，要求系统内部各要素根据发展态势做出调整以保证系统的协调发展。土地城市化、人口城市化、经济生活城市化均可以推动内需经济增长，但是不同的推动方式造成的经济增长质量不同；与之相同，经济增长的方式不同，对城市化的促进效率也就不同，找出城市化与经济增长互动系统发展的关键影响因子有助于确定系统互动的关键作用路径，并进行系统优化。

关键因子分析是在探讨组成系统的内部多因素之间关系时，常使用的概念。不同的系统构成基础不同，表现出的能力就不同。系统发展观要求系统结合本身的特殊能力，应对不断变化环境中的要求，以求获得系统良好的绩效。经济增长与城市化共同组成了一个动态经济系统，在这个动态发展系统中，总存在着多个变量影响系统目标的实现，其中某些因素是关键的和主要的(即成功变量) 。通过对关键因素的识别，可以找出实现系统良性稳态发展所需的关键信息，从而确定系统优化方案。

### 4.1.2 数据与指标选取

根据数据的系统性、科学性、代表性和可得性原则，本文选取 1990—2010 年中国统计年鉴公布的城市化与经济增长方面的相关数据来考察二者的关联互动关系，并对结果进行分析。本文城市化指标选取城市人口比例、非农就业率以及非农产值占 GDP 比重表示人口城市化水平；经济增长指标选取 GDP、固定资产投资、社会零售总额、三次产业产值以及农民人均纯收入代表经济发展水平。本文采用利用灰色关联法来考察二者的关联互动关系，并对结果进行分析。

### 4.1.3 研究方法

灰色关联分析(GRA) 是根据因素之间变化趋势相似程度来衡量因素之间关联程度的一种方法。如果样本数据序列反映出两因素变化的方向、大小、速度基本一致则它们之间关联度较大，反之较小。灰色关联主要分析步骤如下：

(1) 确定参考序列和比较序列。在对问题定性分析基础上，确定一个因变量和多个自变量。设因变量数据构成参考序列 $X_0$ ，自变量数据构成比较序列 $X_i(1,2\cdots n)$，$n+1$ 个数据序列组成下列矩阵：

$$(X_0^{'},X_1^{'},\cdots,X_n^{'})=\begin{bmatrix} X_0^{'}(1) & X_1^{'}(1) & \cdots & X_n^{'}(1) \\ X_0^{'}(2) & X_1^{'}(2) & \cdots & X_n^{'}(2) \\ \vdots & \vdots & \vdots & \vdots \\ X_0^{'}(N) & X_1^{'}(N) & \cdots & X_n^{'}(N) \end{bmatrix}_{N\times(n+1)}$$

其中 $X_i^{'}=(x_i^{'}(1),x_i^{'}(2),\cdots,x_i^{'}(N))^T,i=1,2,\cdots,n\ N$ 为变量序列的长度。

(2) 对变量序列进行无量纲化。通常变量序列具有不同的量纲或数量级，为了保证分析结果的可靠性需要对变量序列进行无量纲化处理

$$(X_0,X_1,\cdots,X_n)=\begin{bmatrix} X_0(1) & X_1(1) & \cdots & X_n(1) \\ X_0(2) & X_1(2) & \cdots & X_n(2) \\ \vdots & \vdots & \vdots & \vdots \\ X_0(N) & X_1(N) & \cdots & X_n(N) \end{bmatrix}_{N\times(n+1)}$$

$$x_i(k) = \frac{x_i^{'}(k)}{\frac{1}{N}\sum_{k=1}^{N} x_i^{'}(k)}, \quad i = 1,2\cdots,N,$$

求序列差、最大差、最小差，形成绝对差值矩阵：

$$\begin{bmatrix} \Delta_{01}(1) & \Delta_{02}(1) & \cdots & \Delta_{0n}(1) \\ \Delta_{01}(2) & \Delta_{02}(2) & \cdots & \Delta_{0n}(2) \\ \vdots & \vdots & \vdots & \vdots \\ \Delta_{01}(N) & \Delta_{02}(N) & \cdots & \Delta_{0n}(N) \end{bmatrix}_{N\times n}$$

其中 $\Delta_{0i}(k) = \left| x_0(k) - x_i(k) \right| \quad i = 0,1,\cdots n;\ k = 1,2,\cdots,N$ 然后计算关联系数：

$$\xi_{0i}(k) = \frac{\Delta(\min) + \rho\Delta(\max)}{\Delta_{0i}(k) + \rho\Delta(\max)}$$

可得关联系数矩阵：

$$\begin{bmatrix} \xi_{01}(1) & \xi_{02}(1) & \cdots & \xi_{0n}(1) \\ \xi_{01}(2) & \xi_{02}(2) & \cdots & \xi_{0n}(2) \\ \vdots & \vdots & \vdots & \vdots \\ \xi_{01}(N) & \xi_{02}(N) & \cdots & \xi_{0n}(N) \end{bmatrix}_{N\times n}$$

式中 $\rho \in (0,1)$ 一般情况下 $\rho$ 在(0,0.5) 间取值，$\rho$ 越小越能够体现关联系数之间差异。$\xi_{0i}(k)$ 是小于或等于 1 的正数，它反映第 $i$ 个比较序列 $X_i$ 与参考序列 $X_0$ 在 K 期的关联程度。比较序列与参考序列的关联程度可以用关联度表示：

$$r_{0i} = \frac{1}{N}\sum_{K=1}^{N}\xi_{0i}(k)$$

关联度越大表明比较序列与参考序列变化的态势越一致。通过比较相关度 $r_{0i}$ 大小就可以判别城市化哪些因素与经济增长的关系较为密切，哪些较弱。若 $r_{0i}=1$ 表明二因素变化完全一致，相关性极大，一般来说 $r_{0i}$ 越大，关联性越强。通常认为当 $0<r_{0i}<0.4$ 时，关联度为弱；$0.4\le r_{0i}\le 0.65$ 时，关联度为中；$0.65<r_{0i}\le 0.8$ 时，关联度较强；$0.8<r_{0i}<1$ 关联度为极强。本文计算所用分辨系数 $\rho = 0.4$。

灰色关联分析是一种多因素统计分析方法，它以各因素的样本数据为依据，用灰色关联度来描述各因素之间相互作用影响关系的强弱、次序和大小。对于多因素组成的系统来说，系统之间发生关系是由于系统内部之间因素相互作用的结果，因素之间彼此作用强度不同对系统之间关系影响也就不同。因此，灰色关联分析法的好处在于判断系统间多因素相互影响关系强弱，并对系统间发展态势提供量化度量，使得易于找出不同系统间起关键作用的因素并对系统进行改进，使不同系统得到协调发展。此外，与其他方法相比，灰色关联分析法对样本量的多少和分布没有特殊的要求。本文基于统计数据的有限性及结构突变的影响，现有数据灰色度较大原因，选用灰色关联分析法以避免统计和计量分析方法的欠缺。

### 4.1.4 计算结果与解释

按照上述计算步骤，得到表 4-1 关联度矩阵：

表 4-1　城市化与经济增长分项指标关联度矩阵

| $r_{ij}$ (关联度) | 城市人口比例 | 非农就业 | 非农产值比重 | 平均值 |
|---|---|---|---|---|
| GDP | 0.6068 | 0.6725 | 0.5769 | 0.6187 |
| 固定资产投资 | 0.6424 | 0.7005 | 0.6108 | 0.6512 |
| 社会零售总额 | 0.6482 | 0.712 | 0.6059 | 0.6554 |
| 第一产业产值 | 0.6347 | 0.7071 | 0.5732 | 0.6383 |
| 第二产业产值 | 0.6071 | 0.6708 | 0.579 | 0.6189 |
| 第三产业产值 | 0.6121 | 0.6761 | 0.5842 | 0.6241 |
| 农民人均纯收入 | 0.6475 | 0.7207 | 0.5789 | 0.649 |
| 平均值 | 0.6284 | 0.6942 | 0.587 | |

数据来源：《国家统计年鉴》。

从计算结果可知，城市化与经济增长各项指标关联度在 $0.5732 \leqslant r_{ij} \leqslant 0.7207$ 之间，处于关联度中等与较强范围之间。此外，在经济增长指标和城市化关联度矩阵基础之上，按行求经济增长对城市化影响因素平均值、按列求城市化分解指标对经济增长影响平均值。其中城市化分解指标中非农就业水平对经济增长影响最大，经济增长指标对城市化影响最大的是社会零售总额。

从表 4-1 可以看出：经济增长单因素指标与城市化单因素指标相互影响关联度最大的当属非农就业水平和农民人均纯收入，关联度达到了 0.720 7；其次为社会消费零售总额与非农就业水平，关联度为 0.712；第三为第一产业产值与非农就业，关联度为 0.707 1。上述三组相互影响因素的关联度均属于强相关度范围。

非农就业与农民纯收入内在逻辑关系主要表现为：非农就业水平提高吸引了大量农村剩余劳动力流入城市，促进了农村劳动生产率提高，增加了农村剩余人口的平均产出水平进而促进农民纯收入增加。社会零售总额与非农就业内在逻辑关系在于：非农产品需求增加，刺激了相关生产企业的扩张，企业扩张带来了劳动力需求增加，为非农化提供了更多的就业机会。反之，非农就业增长促进了农民纯收入增加，农民纯收入增加促进了非农产品需求增加。而且，农转非新增城市人口也会增加自己非农产品消费。第一产业产值与非农就业内在逻辑关系显示：非农就业水平提高有利于农业产出的增加。从经济增长与城市化互动发展路径可以看出，城市化与经济增长组成的互动系统关键因子是非农就业水平、农民纯收入、社会零售总额即非农产品需求。非农就业推动了农民纯收入增加；农民纯收入增加推动非农产品需求增长；非农产品需求增长推动非农就业增加。

依据以上分析得出如下主要结论：城市化与经济增长组成了一个互为促进关系的动态系统，经济增长特征指标社会零售总额、农民人均纯收入与城市化特征指标城市就业率作为系统内部的关键因子相互作用，影响促进了城市化与经济增长的互动发展。结合上一章城市化促进内需经济增长机制研究，实证结果证明，非农就业水平提高是促进内需经济增长的关键。也可以说，农转非可以促进非农产品需求增加，推动内需经济增长；而内需经济增长可以提高非农就业水平，加快农转非进程。实证结果表明了理论命题 1 的正确性。

## 4.2 基于 VEC 的城市化需求潜力效应分析

理论命题 2：城市化可以通过消费增长效应、收入增长效应以及需求引致效应推动内需经济增长。

中国经济增长转型能否成功实现从出口导向向内需主导的转变，取决于中国城市化进程，取决于城市化过程中的农民非农就业水平。城市化可以拉动消费，已经得到理论界的共识。各国发展经验表明，城乡间消费水平差距使得农村人口向城市的迁移，能够产生巨大的需求效应。按照目前每年城市化率大约增加一个百分点的城市化发展速度，这就意味着每年大约有 1 200 万以上人口要从农村转移到城市生活。中国城乡之间存在着显著的消费差距，每个农村人口平均消费水平大约只有城市人口的三分之一，如果这些转移人口达到城市居民同等的消费水平，就会带来最终的社会消费零售总额增长约 3 个百分点，拉动最终消费率增长大约 1.6 个百分点。如果按照这种方式计算，中国城市化水平在 2022 年能够提高 10 个百分点，达到 60%的城市化水平，全社会消费品零售总额就至少可以拉动内需经济增长 4.5～5 万亿元。如果再把消费需求增长的乘数效应考虑进去，假设乘数 1.5，那么未来 10 年城市化可以拉动新增消费总量 6.75～7.5 万亿元。

此外，城市人口的增加以及规模的扩大，必将带来城市基础设施建设和住房建设投资的快速增长。根据麦肯锡公司的中国城市发展报告，按照当前中国城市化的发展速度，2025 年中国的城市人口将会达到 9.26 亿，并且在 2030 年突破 10 个亿。按照国家统计局课题组《我国城市化战略研究》报告，每增加一个城市人口，需新增基础设施投资和就业资金大约 2 万元，那么至 2025 年新增城市人口约 2.7 亿就会带来新增投资需求 54 万亿元。

### 4.2.1 模型与数据

本节基于全国 1978—2009 年城市化水平、居民消费、固定资产投资的时间序列数据，使用向量误差修正模型实证分析中国城市化过程中所蕴藏的消费需求和投资需求潜力。

(1) 序列的平稳性检验。进行时间序列分析时，要求所使用时间序列具有平稳性，即一个序列的均值、方差和协方差不随时间推移产生变化。如果一个时间序列具有稳定的均值、方差和协方差，则该序列是平稳序列。所谓协整是指多个非平稳序列间存在某种线性组合是平稳的。设有 k 个序列构成的 k 维向量序列 $y_t=(y_{1t},\ y_{2t},\dots y_{kt})'$ 如果每一个序列都是 d 阶单整序列，即 $y_t \sim I(d)$ 且存在非零向量 $\beta$，使得 $\beta' y_t \sim I(d-b), 0<b\le d$，则称向量序列 $y_t=(y_{1t},\ y_{2t},\dots y_{kt})'$ 的分量序列间是 $d$，$b$ 阶协整，记为 $y_t \sim CI(d,\ b)$，向量 $\beta$ 称为协整向量。协整是对非平稳经济变量长期均衡关系的一种统计描述。

(2) *VAR* 模型(向量自回归模型) 。*VAR* 模型是处理多个相关经济指标分析与预测最常用的模型之一，其数学表达式为：$y_t=\phi_1 y_{t-1}+\cdots+\phi_p y_{p-t}+Hx_t+\varepsilon_t$ ($t=1,2,\cdots,\ T$) 式中：$y_t$ 是 K 维内生变量列向量，$x_t$ 是 d 维外生变量列向量，p 是滞后阶数，T 是样本个数，$\phi$ 和 $H$ 是待估计系数矩阵，$\varepsilon_t$ 是随机扰动列向量。*VAR* 模型使用所有当期变量对所有变量的若干滞后变量进行回归，用于对相关时间序列的预测和随机扰动对变量系统的动态影响，是一种多结构的多方程模型。*VAR* 模型能够发现数据更多特征，在预测方面比传统结构模型更准确。通过 *VAR* 模型可以利用方差分解法研究模型动态特征，同时脉冲响应函数可以观察出系统对一个内生变量的冲击效果而方差分解则是将系统的预测均方差分解成系统各变量冲击所做的贡献。传统的 *VAR* 模型要求模型中所有变量是平稳的，对于非平稳时间序列需要进行差分处理，得到平稳序列再建立 *VAR* 模型，这样通常会损失序列所包含信息，随着协整理论发展，对于非平稳时间序列，只要变量间存在协整关系即可直接建立误差修正模型。

(3) 向量误差修正模型。向量误差修正模型 (*VEC*) 是将协整与误差修正模型结合起来建立起的模型。只要变量之间存在协整关系，就可以由自回归分布滞后模型导出误差修正模型，由于 *VAR* 模型中每个方程都属于自回归分布滞后模型，因此 *VEC* 模型可以被认作含有协整关系的 *VAR* 模型，一般多用于具有协整关系的非平稳时间序列建模。假设有下面 $P$ 阶 $VAR$ 模型：

$$Y_t = A_1Y_{t-1} + A_2Y_{t-2} + \cdots + A_pY_{t-p} + BX_t + \varepsilon_t$$

如果式中 $Y_t$ 所包含的 $k$ 个 $I(1)$ 变量序列存在协整关系，则不包含外生变量的模型看变换为如下形式：

$$\Delta Y_t = \alpha ECM_{t-1} + \sum_{i=1}^{p-1}\Gamma_i\Delta Y_{t-1} + \varepsilon_t ,$$

其中的 $ECM_{t-1} = \beta' Y_t$ 被称为误差修正项，式中的包含的每一个方程都属于误差修正模型，误差修正项反映了变量之间长期均衡关系，对长期均衡的偏离可以通过短期以 $\alpha$ 的速度调整得到修正，解释变量滞后差分项系数 $\Gamma_i$ 反映短期变量波动对 $\Delta Y_t$ 的影响。误差修正模型只能够应用于存在协整关系的变量序列。

(4) 数据来源。考虑到本文研究重点并结合数据的可得性和有效性，本文采用城市人口占总人口比重作为城市化水平指标；居民消费分别用 1978—2009 年城市人均消费和农村人均消费表示；投资用固定资产形成额表示并且都经过消费价格指数换算为实际值，数据来源于国家统计年鉴。为了消除可能存在的异方差对所有序列数据取自然对数。*LnUR* 代表城市化水平增长率，*LnRC* 表示农村居民人均消费增长率，*LnUC* 表示城市居民人均消费增长率，*LnIN* 表示固定资产投资增长率。

### 4.2.2 城市化需求潜力实证分析

(1) *VAR* 模型建立与单位根检验。为了分析城市化水平、消费增长率、投资增长率三者之间的关系，我们首先建立滞后阶数为 2 的 *VAR* 模型，该模型形式如下：

$$\begin{bmatrix} LnUR \\ LnRC \\ LnUC \\ LnIN \end{bmatrix}_t = \begin{bmatrix} a_0 \\ a_1 \\ a_2 \\ a_3 \end{bmatrix} + \begin{bmatrix} b_{11}b_{12}b_{13}b_{14} \\ b_{21}b_{22}b_{23}b_{24} \\ b_{31}b_{32}b_{33}b_{34} \\ b_{41}b_{42}b_{43}b_{44} \end{bmatrix} \begin{bmatrix} LnUR \\ LnRC \\ LnUC \\ LnIN \end{bmatrix}_{t-1} + \begin{bmatrix} c_{11}c_{12}c_{13}c_{14} \\ c_{21}c_{22}c_{23}c_{24} \\ c_{31}c_{32}c_{33}c_{34} \\ c_{41}c_{42}c_{43}c_{44} \end{bmatrix} \begin{bmatrix} LnUR \\ LnRC \\ LnUC \\ LnIN \end{bmatrix}_{t-2} + \begin{bmatrix} \varepsilon_0 \\ \varepsilon_1 \\ \varepsilon_2 \\ \varepsilon_3 \end{bmatrix}$$

首先对上述模型进行估算，从估算结果发现虽然模型拟合度较高，但是有近半数参数估计值的 $t$ 统计量不显著，接下来需要对模型进行 *Johansen* 协整关系检验。研究协整关系前提是各个变量序列是非平稳序列，因此需要对这 4 个时间序列的自然对数序列以及它们的一阶差分序列进行 *ADF* 单位根检验，以考察时间序列的平稳性。检验结果见表 4-2。

**表 4-2　序列和差分序列 ADF 单位根检验结果**

| 变量 | 检验类型(C，T，Q) | ADF 统计量 | ADF 临界值(5%水平) | 结论 |
|---|---|---|---|---|
| *LnUR* | (C，T，2) | −3.1043 | −3.5742 | 不平稳 |
| *LnRC* | (C，T，1) | −2.2792 | −3.5683 | 不平稳 |
| *LnUC* | (C，T，1) | −1.7535 | −3.5684 | 不平稳 |
| *LnIN* | (C，T，1) | −3.1423 | −3.5684 | 不平稳 |
| $\Delta LnUR$ | (C，0，0) | −3.9029 | −2.9639 | 平稳 |
| $\Delta LnRC$ | (C，0，1) | −3.1251 | −2.9677 | 平稳 |
| $\Delta LnUC$ | (C，0，0) | −2.9760 | −2.9639 | 平稳 |
| $\Delta LnIN$ | (C，0，0) | −3.0048 | −2.9639 | 平稳 |

注：1.检验类型中 C，T，K 代表模型中含有常数项、趋势变量、滞后阶数。

2. Δ 表示一阶差分。

从单位根检验结果来看，在 5%显著性水平检验下，这 4 个自然对数序列的检验统计量大于 5%检验水平下临界值，非平稳性序列假设不能够被拒绝，说明这四个序列属于非平稳序列。进一步对这四个序列进行一阶差分 *ADF* 检验，结果显示：城市化水平增长率、农村居民人均消费增长率、城市居民人均消费增长率和固定资产投资增长率在 5%显著性水平下拒绝零假设，即这 4 个序列均属于一阶单整平稳序列，满足协整检验条件。

(2) *Johansen* 协整检验与误差修正模型估计。多变量协整检验一般包括 5 种形式检验方程，本文选择第三种形式无确定性趋势但是有截距项。迹统计量检验结果表明在 5%水平上存在 1 个协整关系，协整方程如下：

$$LnUR = 0.58LnRC + 0.4LnUC + 0.1LnIN + \hat{\mu}_t$$

其中 $\hat{\mu}_t$ 是误差修正项，协整方程表明城市化与农村居民消费增长、城市居民消费增长以及固定资产投资之间存在着长期稳定均衡关系。从所估计的协整方程直接体现关系来看：农村居民人均消费每增加 1%，城市化水平提高 0.58%；城市居民人均消费每增加 1%，城市化水平提高 0.4%；固定资产投资增加 1%，城市化水平提高 0.1%。或者说，城市化水平增长一个百分点，能够带来农村居民消费增长 1.72 个百分点；城市居民消费增加 2.5 个百分点；固定资产投资增加 10 个百分点。

为了进一步分析这种经济系统内在作用机制，需要估算向量误差修正模型。*VEC* 模型估计分两步完成，首先确定协整关系然后根据上面估计的协整关系构造误差修正项并估计包含误差修正项作为回归变量在内的 *VEC* 模型。*VEC* 模型估算结果如下：

$$\Delta LnUR = 0.025 + 0.028\Delta LnUR_{t-1} + 0.344\Delta LnUR_{t-2} + 0.08\Delta LnRC_{t-1} - 0.012\Delta LnRC_{t-2}$$

(1.72) (0.123) (1.54) (1.28) (−0.18)

$$-0.097\Delta LnUC_{t-1} + 0.0013\Delta LnUC_{t-2} - 0.008\Delta LnIN_{t-1} - 0.0093\Delta LnIN_{t-2} - 0.079VECM_{t-1}$$

(−1.32) (0.017) (−0.21) (−0.22) (−1.18)

$$\Delta LnRC = 0.085 + 0.58\Delta LnUR_{t-1} - 1.977\Delta LnUR_{t-2} + 0.31\Delta LnRC_{t-1} + 0.13\Delta LnRC_{t-2}$$

(1.2) (0.523) (−1.858) (1.01) (0.329)

$$+0.38\Delta LnUC_{t-1} - 0.45\Delta LnUC_{t-2} + 0.07\Delta LnIN_{t-1} + 0.1\Delta LnIN_{t-2} + 0.175VECM_{t-1}$$

(1.055) (−1.18) (0.37) (0.536) (0.542)

$$\Delta LnUC = 0.186 + 0.115\Delta LnUR_{t-1} - 2.78\Delta LnUR_{t-2} - 0.387\Delta LnRC_{t-1} - 0.23\Delta LnRC_{t-2}$$

(2.72) (0.1) (−2.68) (−1.32) (−0.72)

$$+0.6\Delta LnUC_{t-1} - 0.58\Delta LnUC_{t-2} + 0.2\Delta LnIN_{t-1} + 0.319\Delta LnIN_{t-2} - 0.507VECM_{t-1}$$

(1.75) (−1.6) (1.08) (1.61) (−1.62)

$$\Delta LnIN = 0.311 + 0.206\Delta LnUR_{t-1} - 4.547\Delta LnUR_{t-2} - 0.03\Delta LnRC_{t-1} - 0.172\Delta LnRC_{t-2}$$

(3.15) (0.14) (−3.2) (−0.08) (−0.395)

$$+0.06\Delta LnUC_{t-1} - 0.94\Delta LnUC_{t-2} + 0.46\Delta LnIN_{t-1} + 0.266\Delta LnIN_{t-2} - 0.205VECM_{t-1} (0.136)$$

(−1.89) (1.78) (0.98) (−0.479)

$$VECM_{t-1} = LnUR_{t-1} - 0.58LnRC_{t-1} - 0.4LnUC_{t-1} - 0.1LnIN_{t-1} - 1.67$$

从估算结果来看 *VEC* 模型的统计量显著且 *AIC* 准则以及 *SC* 准则分别为 −15.47 和−12.65，数值较小，可以确定 *VEC* 模型比较合理。向量误差修正模型中各解释变量滞后项系数反映短期波动对城市化水平影响。

从误差修正模型估计结果来看，短期内滞后 1 期的城市化增长对农村居民消费增长和城市居民消费增长具有正向促进作用，对农村居民消费增长促进作用明显大于对城市居民；滞后 2 期的城市化增长对居民消费具有明显的负向影响，并且对城市居民消费增长的负向效应大于对农村居民的负向效应。此外，滞后 1 期的城市化增长对投资具有促进作用，但滞后 2 期城市化增长对投资却表现出更为明显的负向影响效应。与长期相比较，短期内城市化对居民消费增长、投资增长的影响表现出滞后 1 期正向促进，滞后 2 期负向调整的波动性特征。城市化是否是居民消费和投资增长变动的动因还需要进一步进行它们之间的因果关系分析。

(3) *Granger* 因果关系检验。虽然协整检验结果表明 城市化与居民消费、固定资产投资存在着长期稳定关系，但是从协整方程难以判断城市化与消费、投资之间是否存在因果关系，因此需要进行因果关系检验。检验结果见表 4-3。检验结果显示，内生变量 $\Delta LnRC$ 相对于内生变量 $\Delta LnUR$ 的 $\chi^2$ 统计量为 1.827，相应概率为 0.401 未能够通过 10%显著性水平检验，说明不能够拒绝农村居民消费增长不是城市化率格兰杰原因的原假设，即农村居民消费增长不是城市化的格兰杰原因，而城市化增长率不是农村居民消费增长的格兰杰原因的原假设的 $\chi^2$ 统计量为 3.828 相应概率值为 0.108，因此在 10%显著性水平检验下，可以拒绝原假设，说明城市化增长率是农村居民消费的格兰杰原因。同理，变量 $\Delta LnUR$ 相对于 $\Delta LnUC$ 和 $\Delta LnIN$ 的 $\chi^2$ 统计量分别是 7.181、10.242，相应概率值为 0.027 和 0.006 分别通过了 5%和 1%的显著性水平检验，表明城市化是城市居民消费增长和固定资产投资增长的格兰杰原因。

表 4-3 格兰杰因果关系检验结果

| 原假设 | $\chi^2$ 统计量 | 自由度 | $P$ 值 |
|---|---|---|---|
| $\Delta LnRC$ 不能 $Granger$ 引起 $\Delta LnUR$ | 1.827 | 2 | 0.401 |
| $\Delta LnUR$ 不能 $Granger$ 引起 $\Delta LnRC$ | 3.828 | 2 | 0.108 |
| $\Delta LnUC$ 不能 $Granger$ 引起 $\Delta LnUR$ | 1.976 | 2 | 0.372 |
| $\Delta LnUR$ 不能 $Granger$ 引起 $\Delta LnUC$ | 7.181 | 2 | 0.027 |
| $\Delta LnIN$ 不能 $Granger$ 引起 $\Delta LnUR$ | 0.136 | 2 | 0.934 |
| $\Delta LnUR$ 不能 $Granger$ 引起 $\Delta LnIN$ | 10.242 | 2 | 0.006 |

### 4.2.3 实证检验结果评价

根据向量误差修正模型，从短期来看滞后 1 期的城市化增长表现出对消费、投资的正向拉动效应，滞后 2 期的城市化增长却对消费、投资产生负向作用使得消费与投资随城市化增长产生波动。这是由于中国城市化过程表现出两个阶段性，第一阶段是农村富余劳动力转变为城市农民工化阶段。这一阶段农民从农村转移到城市，收入获得了极大提高，增加了消费；城市居民由于城市人口增加产生的聚集效应增加了创收机会而推动消费，例如，房屋出租获得的财产性收益。城市化的第二个阶段是由农民工转化为市民阶段。这一阶段城市化对居民消费产生负向影响主要在于：城市化第一阶段带来了城市人口增加进而推动城市生活消费以及住房等相关产业需求扩大，但是，随着城市化快速发展，城市生活成本也在不断增加，前期的住房等高额消费挤占了后期生活消费和投资，因此出现城市化对城市居民消费以及投资的负向效应。

从长期来看城市化与农村居民消费、城市居民消费以及固定资产投资存在着稳定的正向关系，城市化对消费增长以及固定资产投资促进作用显著。农村居民消费率、城市居民消费率以及投资率对城市化的长期弹性系数分别为 1.72、2.5、10。从城市化对农村居民消费影响来看，城市化水平每提高 1%分别拉动农村居民消费、城市居民消费、固定资产投资增加 1.72%、2.5%以及 10%。2009 年我国农村居民消费总额为 28 833.6 亿元，城镇居民消费总额为 92 296.3 亿元，固定资产投资额为 156 679.8 亿，如果中国城市化水平增加 1%就可以带来消费增加和投资增加近 20 000 亿。因此，城市化应该成为中国未来经济长期稳定增长的内在动力。

## 4.3　农转非对经济增长的贡献分析

前面一章城市化推动内需经济增长机制研究结果显示，城市化过程的农转非可以产生收入增长效应，促进农村居民收入增长；农村居民收入增加，反过来又会推动城市非农产品需求增长。根据这一理论分析，我们提出以下理论命题。

理论命题 3：城市化水平的不断提高，使得农村剩余人口的人均资本存量得到增加，这会导致农业劳动生产率的不断提高，推动经济增长。此外，农村剩余劳动力流入非农部门，增加了非农部门的劳动投入，促进非农部门产出增加。因此说，劳动力从劳动生产率低下的农业部门转移到劳动生产率高的城市非农生产部门，可以极大促进经济增长。

### 4.3.1 非农化推动经济增长的理论机制

劳动力流动是劳动力要素从人均生产效率较低的农业部门向生产效率较高的非农业部门的结构性优化配置，有利于总产出的增加。一国的经济增长不仅取决于投入的生产要素的数量，同时也取决于生产要素的配置效率。从我国的具体情况来看，我国属于典型的二元结构特征显著的国家。一方面农村由于可耕种土地不足，存在大量的剩余劳动力，人多地少矛盾使得农业集约化生产迟迟难以实现，严重制约农业劳动生产率提高。另一方面城市存在劳动生产率发达的工业化生产，但是由于劳动力缺乏，招工难现象时有发生。从前面农转非促进内需经济增长的机制来看，劳动力要素从边际生产率较低甚至为零的农业部门流向边际生产率较高的城市非农部门是提高劳动力要素产出效率和农业生产效率的重要途径，同时也是内需经济增长的重要要求。农村剩余劳动力从农业部门向非农业部门转移不仅能够提高劳动力的配置效率，提高农业居民收入，而且能够增加城市非农产品需求，刺激非农部门产出增加，推动经济增长。所以，深入了解城乡两部门劳动力的边际产出效率是理解农转非劳动力转换对经济增长贡献的关键。

下面我们通过一个简单城乡两部门模型假设来说明农转非如何通过劳动力在城乡两部门优化配置，以推动经济产出增长的。首先，假设一个国家只存在城市和农村两个相互独立的地区，城市地区从事的经济活动属于非农活动，也被人们称之为现代经济部门；农村地区主要从事农业活动，通称为传统部门。由于两部门相互封闭，劳动力不能够自由流动，因此城市劳动力市场和农村劳动力市场相互独立，并且两个劳动力市场都具有各自的均衡。如果启动农转非进程，允许劳动力在城乡间的自由流动，则城乡劳动力市场会相互融合，最终形成一个统一的全国劳动力市场。

根据新古典经济理论，城乡间的非均衡发展形成的城乡工资收入差距是劳动力在城乡和产业间流动的动力。随着劳动力的自由流动，这种城乡部门间工资差距将会逐步缩小并且最终消除。城乡间收入差距的消除表示劳动力在城乡两部门间或产业间的优化配置达到均衡。

我们现在假设城乡二元结构的经济社会中的农业部门与城市部门劳动力市场由封闭开始向开放转变。为了便于讨论分析，我们假定农村剩余劳动力从农村农业部门流向城市非农部门的迁移成本为零。值得注意的是，这里农村剩余劳动力是指农业部门存在着大量农业边际产出为零的劳动力。假设初始时，农村农业部门的劳动力需求曲线为 $D_r$，农业部门的劳动力供给曲线为 $S_r$；城市的非农部门的劳动力需求曲线为 $D_u$，城市非农部门的劳动力供给曲线为 $S_u$。$OA$ 为城市非农部门的初始均衡工资，$OB$ 为农村农业部门的初始均衡工资，城市初始工资水平 $OA$ 大于农村初始工资水平 $OB$。

图 4-1 描述了城乡两部门工资差异所引起的劳动力流动对城乡劳动力市场均衡的影响。

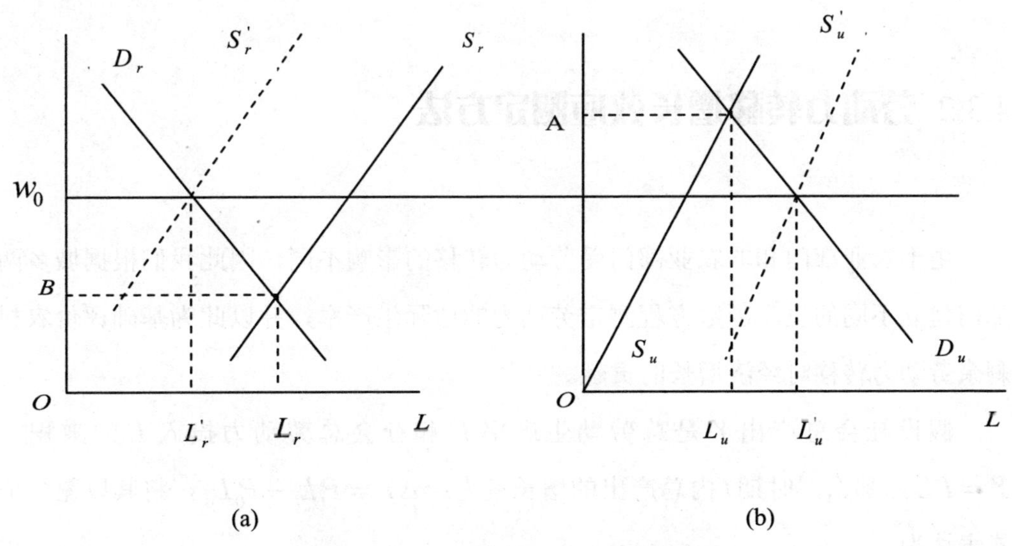


图 4-1　劳动力迁移与劳动力市场均衡

随着城市劳动力市场的逐步开放，在城市较高的工资水平吸引下，农村大量剩余劳动力开始从农村农业生产部门向城市非农生产部门流动。此时，由于农村劳动力转移使得农业部门的劳动力减少，供给曲线 $S_r$ 从右向左移动至 $S_r^{'}$，城市非农部门的劳动力供给增加，城市劳动力供给曲线 $S_u$ 从左向右移动到 $S_u^{'}$ 位置。同时，农业部门由于人均土地面积增加，劳动生产率提高，工资水平从 $OB$ 增加到 $w_0$；城市非农部门由于劳动力数量的增加，工资水平从 $OA$ 下降至 $w_0$。亦即，在劳动力自由流动条件下，城乡劳动力市场达到了均衡，$w_0$ 为城乡劳动力市场的均衡工资水平。此时，农业部门劳动力数量减少 $L_r - L_r^{'}$，非农业部门劳动力增加数量为 $L_u^{'} - L_u$，农村剩余劳动力转移到城市给农业和非农业收益带来了福利的增加。

农业部门由于农村剩余劳动力减少，产生收入增加效应，使得从事农业生产的劳动者整体福利增加。图 4-1(a) 能体现出农村劳动者福利增加的部分。城市非农部门由于劳动力增加也导致了企业福利的增加。图 4-1(b) 能体现出城市非农部门福利增加的部分，也就是说，劳动力市场的自由流动使得社会总福利得到显著增加。

### 4.3.2 劳动力转移增长效应测定方法

由于农业部门和非农业部门受劳动力转移的影响不同，因此我们根据城乡两部门建立不同的生产函数方程测定劳动力的边际生产率，并以此为基础评价农村剩余劳动力转移对经济增长的贡献。

假设社会总产出 $Y$ 是总劳动生产率 $P$ 和社会总劳动力投入 $L$ 的乘积：$Y = PL$，那么，时期 $t$ 内总产出的增长量为：$\Delta Y = P_t L_t - P_0 L_0$，将其以差分形式表达为：

$$\Delta Y = (P_0 + \Delta P)(L_0 + \Delta L) - P_0 L_0 = P_0 \Delta L + \Delta P L_0 + \Delta P \Delta L$$

在该等式两边同时除以 $Y_0$ 进一步进行转化可得：

$$\frac{\Delta Y}{Y_0} = \frac{\Delta L}{L_0} + \frac{\Delta P}{P_0} + \frac{\Delta P \Delta L}{P_0 L_0}$$

它表示总产出增长率可以分解成劳动力投入增长率、劳动生产率增长率以及生产率增长率和劳动力增长率乘积三者之和。在这一基础之上，我们可以推测出劳动力转移对经济增长的贡献。

首先，假定国民经济由农业和非农业两部门组成，然后将衡量国内经济产出规模的国内生产总值 $Y$ 分解为农业总产出 $Y_r$ 和非农总产出 $Y_u$ 两个部分，社会总劳动力投入 $L$ 分为农业劳动力投入 $L_r$ 和非农劳动力投入 $L_u$。

$$Y = Y_r + Y_u \tag{1}$$

$$L = L_r + L_u \tag{2}$$

由式(1) 和(2) 可得：

$$Y/L = \frac{Y_r}{L_r} \times \frac{L_r}{L_r + L_u} + \frac{Y_u}{L_u} \times \frac{L_u}{L_r + L_u} \tag{3}$$

式(3) 说明劳动力人均生产水平和农业部门人均产出水平、非农部门人均产出水平以及城乡劳动力的比例有关。倘若 $P$ 代表总的劳动生产率，$P_r$ 代表农业部门劳动生产率，$P_u$ 代表非农部门劳动生产率，$\alpha$ 和 $\beta$ 分别表示农业和非农业部门的劳动力就业率，则式(3) 可以转换为：

$$P = \alpha P_r + \beta P_u \tag{4}$$

对式(4) 进行求导转化，可以得到增长率方程：

$$P' = (dp/dt)/P = (\alpha \frac{P_r}{P} P_r' + \beta \frac{P_u}{P} P_u') + (\alpha \frac{P_r}{P} \alpha' + \beta \frac{P_u}{P} \beta') \tag{5}$$

从式(5) 可以看出，总劳动生产率的增长由两部分组成：一部分是农业和非农业量部门生产率变化产生的结构增长效应，这一增长效应由式(5) 右边第一个括号内两项之和表现出来；另一部分是农村剩余劳动力转移所产生的劳动力资源配置效率增长效应，由右边第二个括号内两项之和表现出来。由于我们主要关注劳动力转移对经济增长的推动作用，因此假设劳动力转移所产生的增长效率为 $P_L$ 那么就有：

$$P_L = \alpha \frac{P_r}{P} \alpha' + \beta \frac{P_u}{P} \beta' \tag{6}$$

由于 $\alpha + \beta = 1$，所以有 $\alpha\alpha' + \beta\beta' = 0$ 成立，即 $\alpha' = -\frac{\beta}{\alpha}\beta'$，将其代入式(6) 可得：

$$P_L = \frac{P_u - P_r}{P} \beta\beta' \tag{7}$$

从式(7) 可以看出，农村劳动力转移增长效应大小和农业与非农部门之间的劳动生产率差距大小相关，二者之间差额越大，农村剩余劳动力农转非产生的增长效应就越强，只要非农部门的劳动生产率大于农业部门的劳动生产率这种增长效应就会存在，只要农业和非农业部门劳动生产率相等时，这种劳动力转移的增长效应才会消失。这时，劳动力在农业和非农业部门流动处于动态均衡状态。

### 4.3.3 实证结果与分析

本文选用 1978－2010 年国家统计局数据库数据，利用式(7) 对农村剩余劳动力转移增长效应进行计算。其中，人均国内生产总值、农业产值以及非农产值均按 1978 年的不变价格计算，农业产值用第一产业产出表示，非农产值用国内生产总值减去第一产业产值表示。表 4-4 是经过处理计算后的全国不同时间段农村剩余劳动力转移效应的大小。

表 4-4　农村剩余劳动力转移效应

| 时间/年 | 总劳动生产率增长率/(%) | 劳动力转移效应/(%) | 劳动力转移对总生产率贡献/(%) | 劳动力转移对经济增长贡献/(%) |
|---|---|---|---|---|
| 1978－1985 | 6.73 | 0.83 | 12.3 | 9.1 |
| 1985－1990 | 5.68 | 1.67 | 29.4 | 19.6 |
| 1990－1995 | 9.53 | 1.12 | 11.8 | 8.7 |
| 1995－2000 | 7.37 | 0.65 | 8.8 | 8.2 |
| 2000－2005 | 8.25 | 1.48 | 17.9 | 13.2 |
| 2005－2010 | 7.32 | 1.36 | 18.6 | 7.6 |
| 1978－2010 | 8.94 | 2.12 | 23.7 | 19.6 |

数据来源：《国家统计年鉴》

从表 4-4 可以看出，农村剩余劳动力转移对我国经济增长具有显著的促进作用。从改革开放的 1978 年至 2010 年的 32 年间，劳动力转移的经济增长效应亦即劳动力配置效应为 1.92%，对总量劳动生产率总值的贡献率为 23.7%，对经济增长的贡献率为 19.6%，也就是说改革开放以来 30 多年，中国经济增长取得的成就有几乎五分之一要归功于农村剩余劳动力的转移。

通过以上实证结果可以看出，农村剩余劳动力转移或者非农化可以显著推动我国经济增长。农业部门和非农业部门之间劳动生产率存在着较大的差距是农村剩余劳动力转移促进经济增长的前提条件，低生产率的农业部门的劳动力转移到高生产率的非农业部门，会促使总体劳动生产率提高，从而推动我国整体经济的增长。我国目前的城乡间二元结构特征明显，农村仍存在大量的剩余劳动力，这些剩余劳动力的存在，不仅无助于农业劳动生产率的提高和农民收入的增加，而且反过来需要参与农业收益分配，降低农业产出效率并导致农民收入增长缓慢。因此，通过城市化的发展将农村剩余劳动力转移出来，不仅是加快农村经济发展，增加农民收入的需要，也是我国经济持续快速发展的客观要求。

农村剩余劳动力转移对经济增长的促进作用具体表现为以下几个方面：首先，劳动力转移的资源配置效应。我国农业生产率难以提高的一个重要原因就是农业生产的有机构成较低，想要提高农业的有机构成就必须减少活劳动的投入，增加农业生产的科技含量。此外，我国独有的户籍制度加深了城乡之间鸿沟，人为限制了资源城乡之间自由流动，造成劳动力资源配置扭曲和效率低下。放松对城乡劳动力市场的管制，由市场调控劳动力转移，必然会促使农村劳动力从效率低下的农业部门转移到城市生产率高的第二、第三产业，促进整体国民经济生产效率提高，推动经济增长。其次，廉价且具有一定生产技能的农村剩余劳动力转移到城市的工业部门不仅提高了自身的收入而且降低了工业部门生产成本，增强了工业产品的市场竞争优势，扩大了市场销售范围，这也是过去三十多年来我国保持高速经济增长的优势所在。再有，农村剩余劳动力转移到城市，缩小了城乡间收入水平差距，有利于整体国内消费市场需求的扩大，为内需经济增长提供了坚实的物质基础。最后，农村剩余劳动力非农化可以产生经济增长的结构效应。农村剩余劳动力转移到城市，增加了城市的人口规模，为城市经济增长带来了规模效应和集聚效应，增强城市的要素聚集功能，促进产业结构向服务业为主的城市经济转变，这会进一步为农村剩余劳动力转移创造出更多的就业机会，推动国内经济增长稳定增长。

# 第 5 章　城市化推动内需经济增长的实现条件

前面的理论分析和实证结果表明，城市化过程的农转非内生需求能够带来投资和生产的扩大推动经济增长。但是这个内生增长过程的顺利进行即实现是建立在一定前提条件的，如果缺乏这些条件的支撑，城市化推动内需经济增长的目的就会落空。城市化推动内需经济增长是在农转非进程启动后，通过城市化内生自主性增长机制完成的。但是，启动农转非这个过程是需要必要的外部推力来完成。也就是说必须找到某种外部的推动力，推动农民进城，然后通过城市化自主机制实现内需经济增长。在本研究中，我们从开启内需的角度来分析这种约束条件或实现条件，主要可以概括为两个方面：一是如何保证农民能够顺利进城，其核心是农村剩余劳动非农化就业；二是农民进城后如何转变为真正的市民，其核心是农地制度改革能够为转移劳动力提供财富性积累，使得农民拥有城市永久住所，并具备一定必需的社会保障。没有起始外部性的就业推动，农转非进程就不会启动，没有农地制度改革农民也没有进城生活的资本，农民就不会永久转化为市民。进一步说，缺少这两个方面的任何一方面，都实现不了城市化推动内需经济增长的目标。除此之外，还需要有城市化推进内需型经济增长的政策工具和政府推动的一系列制度创新。不过，这些都是外生变量，他们可以直接或间接地作用于上述的二个局限条件，使之相互补充，相互作用。

# 5.1　外生需求推动下的非农产出

## 5.1.1 内需经济增长的外生推动力

任何一个落后的经济社会体向发达的现代经济社会转变，都必须有来自外部力量的推动，这些外部力量可能包括技术创新、社会变迁、制度变革、技术引进或者出口替代等等。没有这些外部的推动力量，这一转变过程将会变得极为漫长。特别是对于中国这样的一个传统的农业大国，如果不是改革开放的一系列外部力量推动，我们就不可能在短短的 30 多年时间中取得这样辉煌的发展成就。目前中国经济发展的核心问题，在于如何缩小城乡之间的差距，尽快实现城乡二元经济社会的融合。这就需要我们利用一切可以利用的外部力量来加快城市化的发展进程。这种城市化的外部推动力的外部性主要是指它不是内生于城市化过程当中的，而是来自于城乡两部门之外，城市化推动内需经济增长的机制对其并不生成作用。同时它也与城市化过程中的城乡人口比例毫无关系。但是，这种外部推动力量对城市化内生动力的启动具有很大的促进作用。

城市化的实现有赖于农村剩余劳动力非农化转移，非农化转移的先决条件是城市能够为他们提供足够的就业机会，在城市化内需推动机制发生作用以前，这些就业机会只能够来自于政府和国际市场需求。此外，城市化推动内需经济的核心是农村居民转化为真正的城市居民，这就要求迁移进城的农村人口能够具有城市居民一样的稳定住所、社会福利保障。由于地方政府的财政支付能力有限，起始的这部分资金只能够依赖农民自己解决，而农民所拥有的财产只有农村承包土地和宅基地，如何将土地财产转化为进城农民的资本对农转非促进内需经济异常重要。因此，本文将农民土地资产变现也视作一种农转非外部动力。至此，本文所要研究的内需经济增长的外部推动力主要包括：出口需求、政府支出以及农民土地财产变现。在前面分析城市化促进内需经济增长机制时，有关城市人口和非农产品产出的需求决定的这部分研究内容，没有把政府部门的支出、出口需求以及农民土地财产变现等因素考虑进来。本章将把三个因素纳入到第 3 章所建立的理论模型当中，为探讨来自外部的城市外生动力如何推动农转非提供一个分析框架。

(1) 出口需求。中国经济增长过去三十多年取得的伟大成就，基本可以归功于来自外部市场的需求。但是，我们忽略了出口需求对内需经济增长转化的重要作用而形成了出口拉动型经济增长模式的路径依赖，现在我们必须重新审视出口需求对内需经济增长的促进作用。本文所指的出口需求主要指来自国际市场的出口需求而不考虑国内市场对国外产品的需求。鉴于中国的实际情况，农村居民对进口产品的消费需求几乎可以忽略不计，同时，城市居民对进口产品的消费需求不会影响其对国内产品的消费需求，即二者之间不存在相互替代关系，因此不会对国内相关产业生产造成影响进而降低非农化就业。出口需求对城市化推动内需经济增长的主要作用在于吸纳更多的农村剩余劳动力转移到城市实现非农化就业，本文的出口需求使用 $X$ 表示。

(2) 政府支出。政府支出是影响中国内需增长的另一重要的因素，我国政府支出特别是投资近年占到了 GDP 的一半以上，对拉动经济增长起到了重要作用，可是也给中国经济增长模式的转变带来了障碍。本文假定，政府只对工业品的生产和服务征收税费，而农业部门的所有产出品和劳务免征任何的税费。如果政府的支出为 $G$ 、政府征收的净税费率为 $t$ 、城市居民人均劳动生产率为 1，那么城市居民的人均产出为 $\delta$ ，农业部门向政府征所缴纳的净税费总量为 $t\delta N_u$ 。政府的税收以及政府支出对内需经济作用的影响主要表现为：政府支出有赖于政府的税收，政府税收的增加会降低企业和居民的支出能力，因此政府税收水平越高对内需经济抑制作用越大。而政府的支出则是一种外部需求，对工业部门的产出具有正向促进作用。

(3) 农民土地财产变现。作为一个走向现代城市社会的传统农业大国，中国的经济发展一直与农民保持着极大的联系。农民问题是中国经济增长的核心。内需经济发展自然也离不开农民的收入。农转非能够平稳实现有赖于农民获得一定的城市生存的资本，而这一资本只能够来源于农民的土地。与流动性较强的现金和活期存款收入相比较，农民所拥有的土地是他们唯一可以依靠的财富，但是由于受到土地政策等多方面因素的影响，这些土地财富难以变成现实的货币汇入国民经济的血液，以拉动消费需求或是解决他们在城市永久生活的启动资本。一个人的财富一般有两种表现形式，一种是流动性强的现金、存款货币，另一种是流动性较差的固定资产。在任意一个时间段里，有的人将其部分流动性收入以固定资产的形式储蓄起来，以预防未来不确定性消费或者抵御通货膨胀的风险；有的人将其过去储存的固定财产出售转变为现金，以满足现在的消费需求。因此，一个人的财富表现形式对社会产品需求的影响十分重要。如果流动性货币变成固定资产那么相当于减少了当前的工业品需求，反之，如果固定资产变成了现金，相当于给国民经济注入了新的需求。最终是需求增加还是减少取决于国民财富变现与现金财产性固化二者之间的差额，本文把它称之为国民财富变现余额，以 $B$ 来表示。如果财富变现总额大于现金转变为财富的总额，就意味着这一期市场需求额外地获得了一股新的产品购买力，市场需求增加。相反，如果财富变现余额小于现金转变为财富的总量，则表示在这一时段里总的消费需求的减少，即需求的漏出。因此，如果农民的土地能够获得财产性变现收益，那么势必会引起非农产品有效需求的大幅度增加，而相关企业会不断扩大生产规模，创造出更多的就业机会，增加居民的收入，创造出更大的需求。

### 5.1.2 外部需求推动下的非农产出模型

在第 3 章的工业品产出需求决定的两部门模型里，我们没有把来自外部的需求和政府支出考虑进去。现在我们根据上一节假设，把政府支出以及国际市场的出口需求当作外部的推动力纳入模型进行分析。根据原有模型，包括外部需求推动的新的工业品产出决定模型可以改写为一个三个方程组成的方程组：

$$\begin{cases} W_s = \delta N_u(1-t) \\ W_d = c_r N_r + c_u N_u + \delta N_u \varphi + G + X + B \\ W_s = W_d \end{cases}$$

其中，$W_s$ 为纳税后的工业品和服务的供给，$W_d$ 为包括了外部需求推动力的工业品和服务的市场需求。政府支出 $G$ 、出口需求 $X$ 以及农民土地财产变现余额 $B$ 的大小不受城市化水平变化影响。政府税收属于市场需求的漏出量，它会降低非农产品对市场的供给量，所以要从非农产品供给中减去政府的税费。此外，出口和农民土地财富变现在本文属于国民经济的注入量，能够增加工业品的有效需求，因此在需求方程中直接采用余额的形式表示[1]。

这里我们依旧假定农村居民的工业品和服务的消费需求不随着城市人口数量的变化而增加或减少。那么在工业产品供需以及城市就业达到均衡的条件下，对上述方程组求解，得到以下城市人口和工业品产出的均衡解：

[1] 由于我国土地制度限制，农民不可能也不能够投资购买到土地。

$$N_u^* = \frac{c_r(N_r + N_u) + X + G + B}{\delta(1 - \varphi - t) - (c_u - c_r)}$$

$$W^* = \delta \frac{c_r(N_r + N_u) + X + G + B}{\delta(1 - \varphi - t) - (c_u - c_r)}$$

对以上城市人口和工业品供需的均衡解与第 3 章不包含外部需求推动力的城市人口和工业品产出均衡解进行比较分析可以发现，它们之间的主要区别在于，包含了外部需求推力的均衡解分子中多出了政府支出 $G$ 、出口需求 $X$ 和农民土地财产变现余额 $B$ 三项，分母中多出了非农产出中用于缴纳政府税费的比例 $t$ 。根据新的均衡城市人口等式，当其余条件不变时，城市人口比例和非农产出决定于农民对非农产品的需求 $c_r$ 的增长、政府支出 $G$ 、出口需求余额 $X$ 以及农民土地财富变现余额 $B$ 四个因素。不难看出，由于来自外部的出口、农民土地财富变现和政府支出等需求增加，为了满足增加了的市场需求，企业就必须增加比以往更多的工人进行生产。此外，因为要支付政府税费，每个生产工人能够向市场提供出的工业品也在减少。在目前现有的生产情况下，就是满足过去同等数量的有效需求，企业也不得不增加更多的生产工人。此外，即便是全体居民维持最低必要的非农产品消费水平不变，现在要为所有城市居民提供与以往等量的工业品，也需要更多的城市劳动力就业。

包括了来自外部需求的产出模型与农转非内生生产模型相比最大的特点就是促进了城市就业机会的增加，有利于农村剩余劳动力非农化转移。其主要原因在于以下几个方面：首先，企业的生产不仅要满足全体国民对非农产品的最低消费需求，还需要为缴纳政府税收进行生产，这将会增加劳动力需求；此外，满足政府支出需求所需产品生产的劳动力需求增量；另有，为了满足国际市场需求所必需的城市就业增量；最后，为了满足农民土地财富变现余额的需求所必需的城市就业增量。

本章新构建的供求模型，并没有把城市居民的储蓄和投资直接包括进来。主要在于资本重置比率实际上就是供求均衡状态下的储蓄率和投资率。由于我们讨论的重点并不是国民经济的一般均衡问题，而是具体分析城市人口比例即城市化率和非农产出的关系及其决定。因此为了使问题简单化，我们假定居民储蓄率以及投资率处于均衡状态之中。此外，本文未将居民投资纳入模型在于城市化内生投资最终取决于市场经济的内部调节，而不是等同于出口需求和政府支出可以超脱于经济市场之外。

### 5.1.3 外部需求决定下的城市人口以及工业品产出

在前面城市化促进内需经济增长机制分析中，我们曾经指出过，如果一个国家农村存在大量的剩余劳动力，想要提高城市化水平和增加城市部门产出的最好方式就是必须想方设法增加非农产品的市场需求。我们下面利用图 5-1 来说明政府支出、出口需求和农民土地财产变现余额对城市化水平和工业品生产的影响。

图 5-1 是包括了政府支出、出口需求以及农民土地财产变现余额的需求、城市化和工业品产出关系图。不包括外部需求时，农转非内生需求决定的均衡点在 $E_1$，此时的城市人口数量为 $N_1$，城市非农产品产出量为 $W_1$。倘若现在又增加了来自外部的出口需求价值量 $X$，这时，包括了出口的需求曲线开始向上方移动，并且与原有的产出曲线在 $E_2$ 点相交。当需求曲线向上方移动后，由于需求量大于供给量，如果想要实现新的均衡，这时只有增加城市人口数，才能够逐步减少供

求缺口，以致最后消失。这就相当于给城乡二元结构显著的经济系统提供了一个转移农村剩余劳动力进城就业的推动力。伴随着越来越多的农村人口转变成为市民，非农产品的产出量也随着增加。此时与均衡点 $E_2$ 相对应的城市人口数 $N_2$ 和产出水平 $W_2$ 都分别大于原来初始位置的 $N_1$ 和 $W_1$。

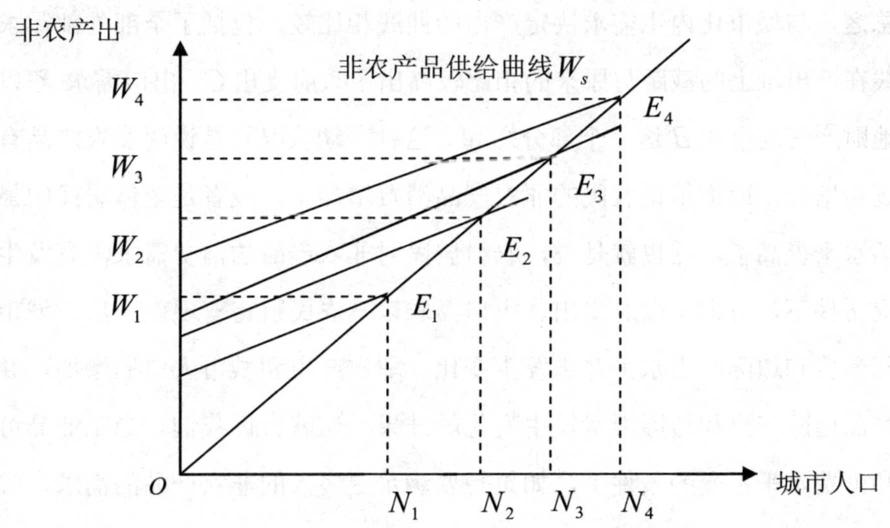


图 5-1　外部需求决定下的城市化水平和产出

我们再继续把政府的支出 $G$ 考虑进去。这时包括了政府支出 $G$ 的需求曲线继续向上方移动，与原来的产出曲线在 $E_3$ 点相交。当需求曲线继续上方移动后，在均衡点 $E_2$ 以上需求开始大于供给。这时只有增加城市人口才能够使供求缺口逐步减少，直至消失。这就又相当于又给经济系统内注入了新的一股转移部分农村剩余劳动力进城就业的推动力。当更多的农村人口转变为城市人口后，工业品的产出也进一步增加。均衡点 $E_3$ 所对应的 $N_3$ 和 $W_3$ 分别大于均衡点 $E_2$ 的 $N_2$ 和 $W_2$。

同理，当农民土地财产变现余额大于零时，土地财富变现余额的需求曲线也开始向上部移动，与原有的产出线在点 $E_4$ 相交，这时，为了保持供求均衡就必须增加城市人口，以便提供更多的劳动力满足生产扩张需求，这就进一步给农村剩余劳动力进城就业提供了机会。城市人口增长又推动了工业品产出增长。此时的均衡点 $E_4$ 对应的城市人口 $N_4$ 和工业品产出 $W_4$，分别大于均衡点 $E_3$ 的城市人口 $N_3$ 和产出 $W_3$。

总之，与城市化内生需求决定产出的曲线相比较，包括了全部外部需求的需求曲线在产出轴上的截距与原来的相比较高出了政府支出 $G$ 、出口需求 $X$ 以及农民土地财产变现余额 $B$ 这三个部分之和。这种变动状况只是说明非农产品有效需求的逐步增长，而不是说农民的非农产品消费增加了，或者是全体居民的最低必要生活水平提高了。这也就是说，农村居民对非农产品的消费需求没有发生变化的前提条件下，考虑了政府支出、出口需求以及农民财富变现效应后，城市居民的边际消费和边际产出水平并未发生变化。非农产出和城市人口的增加，并不是非农产品边际产出和边际消费发生变化的结果。这就告诉我们，当工业品劳动生产率和消费水平不变的条件下，如果想要满足更多人的非农产品的需求，唯一的办法就是增加城市人口和提高就业率。

值得注意的是，这种依靠外部需求增加所带来的非农产品有效需求的增长、经济规模的扩大以及国民产出的增加，未必能够带来农村经济状况的改变和农民生活水平的提高。原因在于政府支出和投资目的可能是为了短期刺激经济增长，它反而有可能会扭曲城乡经济结构。例如，政府主导下的城市化发展，低价征收农民土地而高价出售获取城市发展资金，用于城市楼堂会馆建设。统计数据显示，经过近 30 年的经济发展后，国民经济规模扩大了几倍，但是城乡需求落差不仅没有缩小，反而呈现扩大趋势。此外，真正现实生活中农民的土地财富变现遇到了政策性障碍，由于缺乏城市的各类社会保障，进城打工的农民工把更多的钱存储起来时，留待以后消费，需求也可能减少，具体情况留待后面讨论。

## 5.2　外力推动下的城市化机制

前面模型分析结果表明，外部需求能够推动城市化和非农产出的增长。依据该模型，我们进一步分析来自外部的需求如何推动城市化发展以及所产生的城市化效应。

### 5.2.1 外部动力的替代性

在本文的绪论里曾经指出，经过了30多年的对外开放，在国际金融危机的背景之下，中国经济增长曾经赖以存在的外部市场需求潜力已经难以进一步挖掘。况且外部经济环境的持续低迷使得中国的国际贸易摩擦也在不断加剧，继续依靠出口拉动中国经济增长只能使中国经济陷入更大的困境。外部需求对于中国的经济增长只能把它作为一种加速剂而非长久的动力。对于中国这样的市场潜力无限的大国，经济的长期稳定发展只能够依赖自身的市场。中国是一个拥有13亿人口的大国，而且城乡居民之间的消费水平差距明显，7亿多农村人口的需求潜力还远未得到释放，立足于国内的广阔市场，依靠城市化的内生需求推动，利用外部需求动力的加速促进，中国的经济必将会迎来未来至少20年的持续增长[2]。

---

[2] 2011 年中国城市化率已经达到了 51.27%，但这只是统计意义上的城市人口，其中包括了城市的农民工以及统计上为小城镇人口，但实际生活方式还完全属于农民的村改镇居民。因此中国真实的户籍城市人口还不足 6 亿。

依靠国内市场需求拉动经济增长，主要指依靠城市化内在的市场需求，政府支出、农民土地财产变现在相对于城市化过程而言属于国内市场需求的外部的推动力，而相对于出口来说又属于国内市场需求。但是，出口需求、政府支出以及农民土地财产变现无论从推动经济增长的方式来说，还是从对城市化的影响来说，其作用都几乎基本相同。从这个方面意义上，三者增量之和构成了外部总推动力。具体地，如果三者增量之和大于零，表明与上期相比较，本期的外部需求增加，否则本期外部需求减少。如果本期的外部需求增加，意味着相关的产业将会扩大产能、创造出更多的就业机会。由于出口需求增量、政府支出增量和农民土地变现三者相加对城市化作用一致，说明它们之间可以相互替代。三者之间的这一共同特性就给我们的政府政策调控经济留下了很大的空间，但也带来了很多的不确定性。具体的实例就是中国 2008 年底的 4 万亿刺激经济计划。受 2008 年世界金融危机冲击，中国的出口需求疲软，政府及时地增加了 4 万亿的投资支出以降低出口需求疲软对中国经济和就业的不利影响。同样地，政府想要刺激和加速城市化的发展，可以通过减免出口税收以增加出口需求；或者也可用扩大民生性投资办法增加政府支出；也可以通过赋予农民土地财产性收益、扩大政府支出、出口补贴等政策并用推动城市化发展。

政府支出、出口、农民土地财产变现作为城市化外部推动力，其优点在于它是来自于国民经济循环流量之外的一股新的能量，它可以在短期内迅速地刺激经济增长，引起就业增加，吸引农村劳动力进入城市。但是，反之，它也能够迅速地引起国民经济的连锁性衰退。原因就在于这些外部的需求能量，不是城市化过程自发产生出来的，而是产生于制度的创新以及政策的创新。

### 5.2.2 外部动力的城市化乘数效应

政府支出、出口需求以及农民土地财富变现增量构成了城市化的外部推动力。

因为这三种外部推力在促进城市化的作用效应上存在着相互的替代性，因此，我们在下面的分析中把它们作为一个整体，集中分析它们作为外部需求推力对城市化的综合作用机制，而不对其进行分别探讨。但是对于分析结果按照政府支出、出口需求以及农民土地财产变现所起的作用分别进行解释。

在一定的生产技术条件且规模收益不变的情形下，城市部门的人均产值大小不随城市人口数量的变化而发生改变。假设在没有来自外部的需求推动时，市场的需求处于均衡状态，城市劳动力处于充分就业状态。当来自外部的需求增加时，意味着现有均衡市场所能够提供的服务和产品已经不能够满足新增的需求，这就要求企业扩大生产规模以达到新的供需均衡。在目前城市就业已经处于均衡状态下，这将会为农村剩余劳动力迁移到城市创造出新的就业机会。

根据前文的假设，每一个工业生产部门的劳动力的工业品或非农产品产出水平为$\delta(1-\varphi-t)$，那么为了满足来自外部需求的新增工业品和劳务需求所需要的新增农转非城市人口为：

$$\Delta N_1=\frac{\Delta x}{\delta(1-\varphi-t)}$$

其中，$\Delta x$为新增外部需求。新增加的$\Delta N_1$城市人口由于从农村居民转变为城市居民，其自身的需求也发生了变化。这部分新增城市人口在农转非前的需求总量为$\Delta N_1(cp+c_r)$，农转非后的总需求为$\Delta N_1(cp+c_u)$。很显然，在没有新增的外部需求之前，经济循环原本处在均衡状态，这部分新增加的城市人口的有效需求已经得到了满足，只不过属于较低水平均衡。但是，现在来自外部的需求打破了这一均衡状态，使得我们必须考虑到这些农民农转非后的有效需求的增加量$\Delta N_1(c_u-c_r)$。

这时，一个值得我们重视的效应产生了：来自外部的新增需求推动了城市化的发展，而城市化的新增人口又将会进一步产生一个新增的工业产品需求量，为了满足这些新增的非农产品的需求，企业就需要雇佣更多的新增劳动力从事生产。

假若一个工业部门的劳动力生产能力为$\delta(1-\varphi-t)$，那么为$\Delta N_1$个新增城市居民提供$\Delta N_1(c_u-c_r)$量的工业品或服务所必需的农转非新增城市人口数为：

$$\Delta N_2=\frac{\Delta N_1(c_u-c_r)}{\delta(1-\varphi-t)}$$

再根据上式进一步计算，$\Delta N_2$的新增城市居民又会增加$\Delta N_2(c_u-c_r)$量的工业品需求。同理，企业生产这么多的新增工业品，就需要再次新增$\Delta N_3$数量的城市人口。依此类推，来自外部的需求增量$\Delta x$最终所引致的农转非城市居民增加量为：

$$\Delta N=\frac{\Delta N_1}{1-\theta}=\frac{\Delta x}{w\delta(1-\varphi-t)(1-\theta)}$$

在这里，$\theta=(c_u-c_r)/w\delta(1-\varphi-t)$，其中$w\delta(1-\varphi-t)$实际上代表的是去掉税收和折旧的城市居民人均纯收入或人均可支配收入。此外，城乡需求差距$c_u-c_r$表示新增加的城市居民人均消费支出增加量。$\theta$为人均消费支出增量与人均可支配收入的比率，它在某种意义上有些类似于凯恩斯的居民边际消费倾向。很明显，$\theta$的取值范围在 0 和 1 之间，原因在于中国的城市居民消费支出远大于农村居民的消费支出，而且根据生活常理，一个人的消费方面的支出不可能大于其可支配收入。

由于$\theta\in[0,1)$，且存在$1/(1-\theta)>1$，则$1/(1-\theta)$被称之为外部需求的城市化乘数，或者简单地称为城市化乘数。城市化乘数的实际意义在于：来自政府支出、出口需求或农民土地财富变现的需求增加，则会直接导致城市劳动力需求的增加，并且，城市劳动力就业增加会进一步推动需求增加，经过一系列需求联动作用，最终会引起$1/(1-\theta)$倍的农村剩余劳动力经农转非转化成城市居民。城市化乘数的值，取决于$\theta$的实际经验数字，而且可能存在着地区间差异。一般而言，一个农民直接就业的投资增量，通常能够间接地引致 1.5 个农村人口到城市就业。

此外，当其他条件不变时，城乡居民的需求差距越大，城市化乘数越大；与此相反，城乡居民的需求差距越小，城市化乘数也越小。对于城市化乘数取值，倘若人均劳动生产率不变或者随技术进步而提高，城乡居民的需求差距的变化不太确定，那么这个差距就基本上决定于城市居民人均可支配收入和农民纯收入的相对关系。当农村居民收入增长滞后时，城乡需求差距将会扩大，城市化乘数增大。城乡居民需求差距为零，即城市化基本实现后，城市化的乘数效应也会随之消失。城乡居民的需求差距大小决定城市化乘数，这表示来自外部需求的城市化推动力，只有经过城市化过程内生的需求效应作用，才能够产生比较有效的作用。也就是说，外部需求只是城市化实现的条件，农转非过程的内生性需求才是城市化的决定因素。外部性需求通过内生性需求而起作用。在本文，外部性需求指政府支出、出口和农民土地财富变现需求增量；内生性需求是城乡之间居民消费需求差距。外生性需求增量通过城乡需求差距而产生城市化乘数效应。没有城市化内生性地创造出的与其产出相对应的需求，就没有来自政府支出的城市化乘数效应，也就不会有任何城市化乘数效应。

### 5.2.3 外部需求启动城市化的作用机制

前面的分析表明，城市化推动内需经济增长，必须首先通过来自外部的需求启动城市化进程，然后才能够通过城市化过程的内生性需求效应自主机制实现。下面我们具体探讨来自外部的需求如何引致城市化的发生。

首先，假设存在城乡二元结构的经济社会，即农村存在大量剩余劳动力，且农村居民收入远低于城市居民收入，城乡居民消费存在着较大的差距。此外，假设各类需求产品市场和就业市场均处于均衡状态。换句话说，存在着一个城乡二元经济结构特征明显的低水平均衡社会。现在，假设政府为了推动经济增长，进行投资推动城市化进程。政府首先增加了城市基础设施和廉租房建设方面的支出。这时就有企业开始进入市场进行生产，由于起始的就业市场处于均衡状态，城市居民已经实现了充分就业，这样企业要进行生产，就只能够从农村招聘农业部门的剩余劳动力。经济系统的均衡状态就这样被打破，经济均衡点从最初的$E_1$点沿着供给曲线上升到$E_2$点，此时的城市人口从$N_1$增加到$N_2$，工业品的产出从$W_1$增加到$W_2$。城市居民的人口增加量为$N_2-N_1$，城市人口的增加带来了产出量增长$W_2-W_1$，这一产出量恰好等于政府支出的增加。这是来自外部需求增量对产出影响的直接效应，其所直接产生的城市化人口增加效应为$N_2-N_1$。但是，这里要值得注意的是，这时候的$E_2$点并不是稳态的均衡点。因为，还存在着城市人口增长和生产企业的关联乘数效应所带来的需求缺口。在城市化推动内需经济增长机制中，我们曾经分析到，非农产品的需求会随着城市人口的增加而扩大。$N_2-N_1$的农村人口进入城市后，由于城乡居民消费需求之间的差距，使得这部分新增城市人口消费水平不得不且必然高出原来农村居民的消费水平即城市化的消费需求增长效应。这些新增非农产品消费需求会进一步刺激企业扩充生产规模，增聘新的劳动力来增加产量。这时城市人口继续增加到$N_3$，工业品的产出增加到$W_3$。假设在$N_3-N_1$量的农村剩余劳动力农转非前，农村人均纯收入为$r_1$元，那么$N_3-N_1$的农村剩余劳动力农转非后，农村人均纯收入将增加$r_1(N_3-N_1)/(N_r-N_3+N_1)$元。这就是农转非的收入增加效应。农村剩余居民收入增长后，将会把增加的收入全部用来购买城市生产的非农产品，这将会再次刺激企业扩大生产，增加劳动力需求，招聘更多的农村剩余劳动力进入城市，城市人口增加又产生消费需求增长效应，消费需求效应又会产生收入增长效应，这一系列的连锁反应将会推动经济系统在更高水平上达到均衡。

当然，来自外部需求增量的乘数效应是双向的。例如，当来自政府支出的外部需求减少时，市场需求也会逆向发生连锁性的紧缩。

## 5.3　外力推动城市化的实现条件

这一章的前面二节分析了来自外部的推动力启动城市化的作用机制。研究结果显示，出口需求、政府支出以及农民土地财富变现，作为推动城市化的主要外部推动力从理论作用机制上能够启动或加快城市化的进程，推动经济增长。这些来自外部的内需经济增长推动力亦即内需经济增长的实现条件是否具备，有待于进一步进行探讨。如果说出口需求、政府支出和农民土地财富变现这些条件可以实现，中国内需主导型经济增长也就能够顺利实现，但是，令人遗憾的是目前这些外部实现条件还只是理论上的假设，如果希望它们能够作为现实的条件去推动城市化发展，还有待于进行进一步的政策调整。

### 5.3.1 出口需求推力

我们在前面的绪论中已经讨论过，作为推动中国经济增长的出口导向战略，在世界金融危机的冲击性已经难以维系，也不可能长久维系下去。但这并不是表明我们不再需要国际市场需求，而是说中国经济增长不能够再依赖国际市场需求，不能够再把经济增长的重点放在外部市场需求上。

本文前面已有的分析表明，出口需求拉动的就业机会多寡主要取决于城市工业部门的人均劳动生产率、城市居民的人均消费水平和农村居民人均消费水平等几个因素。城市工业部门的人均劳动生产率水平越高，某一确定需求量的出口所能够带动的就业机会就越少。在某一确定的生产率水平条件下，城市居民平均消费倾向越高，每一个城市劳动力能够向外提供的产品就越少，这时同等数量出口的需求所能够提供的就业机会就较多。反之，农村居民人均消费水平越高，既定的出口需求量下所能够创造的就业也越少。

出口导向的经济增长经验表明，出口需求对提高就业水平的促进效应是一次性的。只有出口需求不断增长，农村剩余劳动力才能够源源不断地进入到城市就业。反之，如果国际市场需求发生变动，出口需求降低或者出口受阻，这时就会对国内的就业市场产生极大的冲击，一些以出口产品为主的企业将会率先缩减自己的生产减少劳动力需求，已经进城的农民工因失去工作会不断重新返回农村，继而造成国内市场需求的缩减，最后形成巨大的社会问题。此外，对于一个人口较多的国家，如果国际出口需求总量一定，平均到每一个人的人均出口量也很小，因此其所能够带动的非农就业比率也越低。这个道理很容易理解，对于中国这样一个城乡二元结构经济特征突出的人口大国，农村的剩余劳动力总量可能等于美国这样最大的贸易伙伴的全国人口总和或者欧盟总人口的一半，即使很大的国际市场需求，能够产生的就业岗位也极为有限，因此同等数额的出口需求可能能够将一个人口较少的国家或地区实现城市化，它绝不可能将中国这样的超级人口大国推向城市化社会，中国的城市化道路只能够依靠国内自身的需求。对于中国的城市化进程，国际市场需求只能是一种外在的推动力，它对中国城市化的实现只是起到一种加速催化剂作用。况且随着中国城市化的发展，劳动力收入水平的不断提高，低成本的产品竞争优势将不复存在。继续扩大国际市场对中国产品的需求不仅很难实现，而且在国际市场需求萧条的环境下，出口需求萎缩将在所难免。因此，加速城市化发展的外部推动力的重点必须转移到国内的相关政策工具上来。

### 5.3.2 政府支出推力

我国的政治体制决定了政府拥有更多的权力去影响和干预经济活动。因此，凯恩斯理论对我国政府宏观经济政策的制定以及微观经济活动的影响更为明显。根据凯恩斯的理论分析框架，当一国的经济活动普遍处于有效需求不足的状况时，单凭市场经济自身的力量没有可能摆脱这种有效需求不足的困境，这时候必须借助外部力量的作用。因为此时国家的经济正处于一种低水平的均衡状态之中，而自身缺乏内生性的潜在有效需求增长动力去打破这种均衡，推动经济达到高水平均衡。这样就有必要通过政府的财政性扩张政策、通胀性的货币政策增加有效需求以刺激经济增长。政府的这些扩张性政策或措施必须是赤字性的，因为平衡的财政政策或任何平衡性的措施，都不可能给国民经济的总量需求增添出额外的推动力。例如，从经济流量中征收一定量的税费，然后把这些税费完全地、不多不少地用于购买。政府的财政收支达成了平衡，经济循环的漏出量和流入量相等，显然不可能扩充经济需求的总流量，创造出更多的有效需求。因此，政府扩张性的财政政策有效性，重要的不是财政支出的多少而是政府的支出必须大于政府的收入，从而给经济注入额外的购买力量，以解决有效需求不足的问题。

从 20 世纪 90 年代末，中国经济彻底摆脱了短缺时代，进入到过剩时代，内需不足特别是居民消费不足现象一直困扰着中国经济的发展。为了挽救中国市场经济有效需求不足的问题，我国政府一方面采取多项政策、措施加大对出口企业的扶持力度扩大国际市场的需求，另一方面不断加大政府支出特别是政府投资力度拉动国内市场的需求以保持经济的持续增长。根据本文的政策主张，政府的支出属于外部性的推动力，它能够给国民经济注入新增的有效需求，进而推动农村剩余劳动力非农化就业，使得中国经济从低水平均衡上升到高水平的均衡状态。但是，我们发现中国的内需并未能够随着政府支出和投资增长得到相应的增长，反而呈现出不断下降的趋势，这就有必要进一步分析政府财政支出这一外部需求推动农转非的条件。政府的支出能够推动农转非发生，要求政府的财政支出必须是赤字性的，只有这样才能够向经济注入新增的有效需求，才能够创造出更多新的就业机会，促进农村剩余劳动力非农化转移。但是，政府赤字性财政支出对就业的影响是一次性的即短期有效，如果进城就业的农民工不能够自动生成新增的需求，当投资减弱或没有实现经济结构的转型，进城农民会失去工作重新返乡，经济陷入衰退，造成农民工连锁性失业，最终形成返乡大军，城市化推动内需目标就会落空。为了避免这种情况的发生，要求政府的财政性支出属于能够有利于农民工在城市稳定生活、有利于民生发展的支出，同时要从政府的政策上加以配合，赋予农民土地财产性收益，使得进城的农民能够获得必要的生活保障以及城市住房(廉租房) 。但是，令人遗憾的是地方政府的扩张性财政支出往往投向了一些增长效率低下的国有企业、铁路、公路、机场等不利于民生发展的产业以及城市楼堂会所等政府形象工程。政府赤字性投资又推高了货币的超发，形成通货膨胀压力，为了避免货币贬值，人们只好把有限的资金投向房地产等固定财产进一步推高了城市房价，加大了城市化的成本。这就是中国目前政府投资支出不断上升情况下，内需反而不断下降的主要原因。政府如果能够加大民生方面的支出，比如加大廉租房投资力度，降低农民城市化的成本，这样就能够使得农民在城市安心工作生活，激发出城市化内在消费需求潜力，推动国民经济规模不断扩大；而经济规模的扩大能够给政府带来更多的财政收入，这样政府就有更大的能力去改善民生，促进居民消费的不断扩大，最终使得国民经济进入一种依靠内需推动的良好循环状态。

### 5.3.3 农民土地财富变现推力

前面分析结果表明，政府支出增加、出口需求增长以及国民财富变现能够推动农转非进程，然后通过农转非内生性需求拉动内需经济增长。近年来中国经济增长的典型化事实表明，政府支出和对外出口需求一直呈现强劲的增长势头，也就是说，中国经济增长是政府投资和出口双引擎推动下的增长。与此同时，中国城市化速度也在飞速推进。但是，令人感到遗憾的现象是，随着外部需求增加和城市化的推进，中国内需增长不但未能启动，而且呈现下降趋势。其中，居民最终消费率不断下降，这与我们前面的理论分析结果相悖。解开这一理论悖论的关键在于农民土地财富变现。中国经济发展的瓶颈在于三农问题，化解三农问题的最佳途径是城市化，而城市化的核心在于农转非，农转非的核心在于农民土地财富变现。

农村土地是农民赖以生存的基础，土地与农民的命运紧密相连。古典经济学家威廉•配第曾说：劳动是财富之父，土地是财富之母。由于土地具有保障功能和发展功能，尤其对广大农民群体而言，土地是他们最后可以依赖的财富。但是目前就我国的土地政策来说，农民土地能否转变成为农民真正可以变现的财富，依旧属于一个未知之谜。改革开放以来，为了解决“三农”存在的问题，使农民能够分享改革开放的成果，过上更好的生活，政府采取了许多富农、活农、补农的措施，这些措施主要以政府财政转移支付方式实施，这些措施提高了农民的收入，让农民有了更多的钱购买城市产品，从而带动了城市经济和就业的发展，并因此拉动了一些农民进城。可是，这些措施对增加更多的额外有效需求、对农转非从长远来看起不了太大作用。主要原因在于，虽然我们前面的模型显示，提高农产品的价格、减免各种税费、增加补贴、直接投资等财政转移支付的形式能够提高农民的收入。但是，财政转移支付的钱主要来自政府的税收，属于政府支出的漏出部分。当这部分资金流入农民之手，在增加了农民对城市非农产品需求总量时，也减少了政府非农产品的需求总量。它最后并未能够促使城市非农产品总需求量的增加，只不过是城市经济循环中漏出的量，然后又通过农民之手流入城市经济循环系统，达到了流出与流入的平衡。财政转移支付不能够增加政府支出总量，起到推动农转非作用，能够推动农转非的政策工具必须是能够增加支出总量的赤字性政策。

既然政府转移支付对促进农转非作用效果不明显，依靠政府支出和出口双轮驱动启动农转非进程又没有产生效果。那么我们就必须找出阻碍农转非发生的根本症结所在，然后加以解决。

农村剩余劳动力流入城市，本应该起到推动内需经济增长的作用。但是，在我国由于特有的户籍管理制度，限制了农民成为真正的市民，形成了世界上独具特色的农民工群体。农民工是指户籍在农村，但在城市从事非农活动的劳动力。截至 2009 年 12 月 31 日，我国农民工人数达到了 22 978 万，其中外出打工农民工 14 533 万人，占农民工总数的 63.2%，在本地乡镇从事非农活动农民工 8 445 万人，占农民工总数的 36.8%。农民工尽管已经在城市就业、居住，甚至有的家庭已经举家迁入城市，但由于户籍制度的限制，使得他们不能够和城市居民一样享受附着在户籍上的就业和福利待遇。表面来看，阻碍农民成为市民的障碍是户籍。但是，真正的障碍是附着在户籍上的住房、教育、医疗、就业以及养老保险等政府社会福利保障构成的公共服务体系。2010 年，国务院发展研究中心的“促进城乡统筹发展，加快农民工市民化进程研究”课题组对全国 7 省市农民工问卷调查结果显示：农民工最不满意的公共服务前 7 位依次是，收入水平、居住、社会保险、医疗条件、工作环境、子女教育和权益保障；对政府的主要诉求依次为，提高工资水平、改善社会保险、提供保障住房或廉住房、改善医疗条件、改善工作环境、加强权益保障、改善子女教育条件。由于工资收入水平随着经济增长而提高，在这里可以暂不考虑，其他剩余项都指向了政府的公共服务的缺失。我们再来看农民工成为市民即农转非的意愿调查。调查问卷表明，在城乡两栖流动情况下，一半以上农民工表示不会因经济波动回到农村；80%农民工表示即使不放开户籍也愿意在城市就业居住；90%的农民工表示如果可以自主选择的话，将会在城市定居。城乡两栖流动目前仍然是农民工外出务工的基本特征。问卷调查结果分析说明，农民愿意转化为市民，但是主要障碍在于政府公共服务难以满足。那么现在问题就归结到政府为什么不愿意放开户籍限制，给予农转非的农民真正的市民公共服务待遇呢？答案是显而易见的，在内需经济不振的情形下，政府财政税收难以增长，支付能力有限，目前是没有能力为农民提供城市公共服务的。进城就业的农民工在政府社会公共服务缺失条件下，更是没有能力负担农转非过程的住房、医疗等社会福利保障，这进一步增强了进城农民工的未来消费预期。为了应对这种未来支出的不确定性，农民只好把家庭留在农村，自己在城市工作且节衣缩食以便赚更多钱寄回农村家中留待以后消费。这种工作生活方式不但不利于需求的扩大，而且进一步缩小了需求。农民工这种城乡间两栖式的流动生活使得农转非不仅难以实现，而且制约了内需经济的增长。

那么是否能够找到一种办法或者一种制度安排，让农民从非农业的途径获得财富，而且这些财富并非来自政府财政的平衡性的转移支付，然后利用这笔财富解决农民在城市永久安居的问题呢？答案也是肯定的，政府想到了这个办法，这就是利用土地财政方式为城市化发展筹划资金。农民也想到了，农村的承包土地不仅可以起到类似于城市居民的失业保障的功能，而且表现出不断增值的财产功能，只有保留农村的土地，才能够降低城市失业的风险；为了能够放心地在城市打工也必须保留农村的土地。在这里，我们发现，政府希望通过征收农民土地，为城市公共服务以及城市基础设施建设发展筹措资金，农民保留农村的土地目的是为了降低城市社会保障缺失的风险，二者之间似乎存在着共同点：利用土地，为农转非提供城市工作、生活的安全保障。那么，只要地方政府出台土地换户籍、换住房、换社会保障的政策措施，农民自然会自动转化为市民。那么农民工是否愿意用土地换城市户籍和福利呢？国务院发展研究中心课题组调查数据结果显示，大多数农民工不愿意以土地换户籍的方式获取城市户籍。其中，超过80%农民工希望能够保留农村承包地。愿意在城市定居生活的农民工中有83.6%希望保留农村的承包地、46%的人期望自己耕种、27.2%的人愿意有偿流转、10.4%愿意通过入股分红方式处置承包土地。只有8.2%的人乐意用土地换户籍，其中2.6%的人乐意无偿放弃土地换城市户籍，6.6%的人希望以有偿的方式放弃承包地换取城市户籍。还有7.3%的人希望以其他方式处置自己的承包土地。既然农民不愿意失去自己的承包地，那么破解这一难题的关键还得从中国的土地制度入手。

在本文里，我们能够想到的也是农民的土地。现在假设，我们能够设计出这样一种制度安排，在农民可以自由选择保留其承包地基础上，让农民所拥有的土地能够转变成现实可以流动的财产，使得土地这种固定资产能够获得信用禀赋，获得在市场上自由流通的权益禀赋，并把它们交给农民。也就是说，既然政府可以向社会公开出售土地的使用权或者拿土地去银行贷款，为什么我们就不能够给予农民这种同等的权利呢。如果农民也具有这种土地支配权利，那么如果需要，农民就可以将土地变现，用来购买更多的非农产品，甚至可以用土地换取城市住房和社会公共服务。不难看出，如果赋予农民土地自由交易的权益后，农民就等于获得了一笔额外的财富。这笔财富不是来自于农民的农业生产活动，显然就不会降低农民进城工作生活的意愿，反而很可能会鼓励农民用这笔额外的财富去购买相关的城市产品，包括住房、各类福利等，或者用这笔财富去城市里开办自己的公司。农民土地财富变现增量会促进农民非农产品消费需求增加，由于这笔财富来自于土地的信用禀赋，并非现有经济循环的流出量或储存量，也并非来自收入的累积，因此属于一股额外的需求量的注人和创造。这样，农民通过将土地非流动性资产变现，给现有经济流量注入一股巨大的额外有效需求增量，推动内需经济增长。

### 5.3.4 城市化与土地制度

随着中国城市化的快速推进，中国农村土地的所有制度与经营制度成为理论界研究的热点和难点。目前大家已经产生的共识是，现行的土地制度和土地政策在很大程度上阻碍了中国城市化的进程也不再适应市场经济的要求，必须对现行的土地制度和政策进行创新改革。中国城市化面临的主要问题是政府主导下的土地财政城市化与农民土地收益分配的矛盾。

目前对土地改革的建议，大致集中在以下三个方面：

一是主张在保持现有的农村集体土地所有制不变的前提下进一步完善家庭承包制。

二是主张国家所有、农民永佃，或者主张把家庭承包期无限制延长。

三是主张实行农地私有制。

本文认为，中国土地制度改革，要在确保农民土地财产权益基础之上，站在有利于农转非的角度来进行，这一改革应该在农民尊重自由选择是否放弃土地权益基础之上进行。中国目前执行的是城乡两种不同的土地制度，土地制度改革应该在城乡土地制度统一的框架里进行。要想进行土地制度改革，首先必须了解中国目前的土地制度，然后在此基础上分析进行。

中国的土地管理法明确指出，中华人民共和国土地实行社会公有制，这里的公有制又包括全民所有制即国家所有制和劳动群众集体共同所有制两种制度。全民所有制的土地是指所有城市区域内的土地所有权属丁国家；劳动群众集体土地是指农村和城市郊区土地归农民集体所有，其中也包括了农民的宅基地和自留地。除此以外，我国的农村土地承包管理法还规定了，农村土地承包方享有下列权利：

依法享有承包地使用、收益和土地承包经营权流转的权利，有权自主组织生产经营和处置产品；承包地被依法征用、占用的，有权依法获得相应的补偿；法律、行政法规规定的其他权利。

从目前土地制度不难看出存在的主要弊端在于：

### 1．产权不明确

土地管理法规定，农村土地归集体所有。但是目前中国农村集体经济已经名存实亡，许多乡镇集体经济根本不复存在，代替集体的村委会作为最低一级的行政组织，执行集体所有者权力，名不符实。在农村大量剩余劳动力外出工作情形下，如何行使集体的权力，也存在着严重的问题。正是由于农民对土地只有使用权，没有所有权，在集体土地所有者不明确情况下，在土地征用、流转过程中农民土地利益受损时有发生。前一段时间发生在广东陆丰乌坎地区的群体事件起因就在于，在外出打工的农民不知情的情况下，村里的3200亩集体土地几年内被村委会陆续全部转卖出去引发的矛盾。

### 2．城乡二元制的土地所有权结构

按照目前现行的土地制度，农村土地一经转为工业或城市用地，就由集体所有下的农民承包土地变为国有土地。在政府主导下的城市化快速推进过程中，这一变化对农民收入的影响非常大。首先，政府根据城市规划，按照一定行政审批程序，向农民征用土地用于城市扩张。然后政府以一定的价格向集体支付补偿。值得注意的是，这一价格非土地的价格，而是土地近几年产出或收益的价格。这一土地价格主要由政府与村委会协商确定。由于农民只拥有长期的土地承包经营权，没有所有权和支配权，只要涉及征地，只能够通过集体产权主体模糊的所谓集体(一般是村委会) 出面、协调政府征地、领取并分配征地补偿。村委会某些个体在个人利益最大化驱动下，以集体名义，损害农民利益，廉价将土地转让给政府，政府向集体支付象征性的征地补偿金之后，就可以放手通过招拍挂市场高价批租土地了。征收与招拍挂之间高额的土地差价收益极大地刺激了地方政府城市土地的扩张，城市土地面积的扩张也推高了城市住房价格，带来了城市生活成本的高涨，抑制了农转非的发生。

### 3. 农民的土地使用权不稳定

目前的农村土地制度下，农民的土地使用权具有一定的年限限制，这使得农民承包的土地使用权不稳，主要表现为土地随人口增减而不时进行调整。2003 年土地承包法规定，农民进入大中城市工作定居，则需要放弃原有承包土地，而且得不到任何补偿。许多农民为了保留自己承包的土地，放弃了农转非进城工作定居的机会，阻碍了城市化的进程。此外，土地承包权利的不稳定性，使农户对自己使用土地缺乏长期的预期，降低了农民对土地长期投入的热情，也影响了土地的劳动生产率。

### 4. 土地处置权、流转权缺乏

由于农户只拥有一定年限的土地承包使用权，而不具有任何形式的产权，因此难以用自己承包的土地做抵押贷款或者流通转让获得财产性的收益。不难想象，在市场经济条件下，除了政府干预，没有任何一家银行会接受一个有限使用期限不稳定的承包合同作为贷款抵押物的。农民除了自己的承包土地以外，不可能再有任何的办法获得城市定居的启动资金。

从目前的土地制度弊端来看，“农民承包，集体所有”的农村土地制度以及严重阻碍了城市化和现代化进程，对现有农村土地制度进行改革是中国走向现代化强国的必然选择。几千年来，一切土地改革都秉持一个观念，土地是农民的命根子，土地制度必须保证“耕者有其田”，让农民永远可以拥有可以耕种的土地从事农业生产。然而，土地只不过是一种不可再生的有限而稀缺的生产要素，作为一种生产要素，土地只有能够自由地参与市场交换，充分地在市场流通，才能够达到资源的优化配置。也就是说，我们的土地制度改革，必须围绕这种土地制度、必须能够促进农民增收、必须能够方便农村土地的市场流转、必须能够方便农民自由支配自己承包地的使用权、必须能够促进农民转化成市民进行。

### 5.3.5 土地制度与农民财产性收益

如果说“耕者有其田”是传统农业社会保持社会繁荣稳定的前提条件，那么赋予农民土地财产性收益就是从农业经济社会向现代城市经济社会转型的前提条件“就业有保障”的必然要求。这一条件的实现也要求农民拥有土地，但这时让农民拥有土地的目的是为了让大多数农民利用土地作为经济资源转化为市民，将农村土地转化为城市社会保障，否则一个国家永远会停留在二元经济社会、永远不会实现工业化、现代化。

农民转变成为真正的市民的前提条件首先是拥有一定量的资本用于解决城市住房与基本的社会保障，以确保他们能够在城市永久生活与定居。否则，进城工作的农民将会继续攒钱用于购房或者留待以后回农村消费，城市化推动内需经济增长的愿望就会落空。但是中国的实际情况是农民除了自己所承包的土地和宅基地以外，没有任何可供转化变现的个人财产或者其他可能的渠道获取城市生活的启动资金。由于农民缺少可以用于变现或抵押的财产信用担保来获得银行金融机构的贷款[3]，这就使得他们难以筹集到最基本的城市化启动资金，

---

[3] 虽然新的土地承包管理准则允许土地承包权作为信用担保抵押贷款，但是由于土地归集体所有且土地承包期有限、承包权的不完全确定性以及土地自由处置权的缺失，没有任何银行和金融机构会接受农户以个人名义抵押或转让的土地承包权。

只好游离于城乡之间过着一种不稳定的城市生活，消费水平自然难以与真正的市民接轨。

给予农民财产性收益、使农民摆脱土地的束缚，推动农转非的进程，首先必须用新的土地制度取代目前的家庭土地承包制度，否则，统筹城乡经济，全面建设小康社会很难实现。家庭承包制是特殊历史条件下不得不依的选择，虽然在当时的背景下促进了农村经济发展。但是，随着中国城市化不断推进，在新的历史时期，家庭土地承包制已经成为阻碍中国彻底告别农业社会，走向现代城市化社会的主要禁锢。告别家庭土地承包制也就是彻底告别小农经济社会，实现中国现代化的必然选择。

家庭土地承包制其实质是新的特定历史背景下的小农经济，它背离了现代农业生产集约化经营的基本要求，不利于土地产出效率的提高，因此也不利于城市化的推进。农业部门产出剩余是城市化发展的基础，只有不断提高农业部门的生产效率才能够为工业化和城市化的发展提供源源不断的农村剩余劳动力。我国农村人多地少的农业物质基础条件决定了中国的农业现代化发展必须以集约化生产方式为主，这就从理论上摒弃了以家庭为单位的家庭土地承包制农业生产方式。发达国家的经济增长历程告诉我们，只有用现代工业化生产方式取代小农经济才能够最终走向现代城市经济社会。以家庭为主的土地承包生产方式，无论从其对生产率的推动方面还是适应现代市场经济的需求变化方面，都不可能促进现代化的发展以及农民人均收入的增长。此外，土地家庭承包制特点是集体所有，家庭承包。这就从实际上否定了农民对自己承包土地的自由支配权和财产性收益的索取权。农民土地只有一定年限的承包权而没有所有权，这就使得农民承包土地难以获得市场流转和抵押，无形中剥夺了农民的财产性收益，间接地把农民禁锢在了有限的耕地上，阻碍了农村剩余劳动力彻底离开土地成为真正的城市居民。

农民所拥有的土地包括宅基地和承包土地两部分，这两部分又以家庭承包土地为主，宅基地依赖于承包土地，当农民放弃家乡承包土地时，必然会同时放弃家乡的宅基地。因此，本文所提及的土地制度改革主要指家庭土地承包制度。

本文认为，只有赋予农民土地永久使用权，并颁发土地永久使用权证，用土地永佃制代替“集体所有、家庭承包”的农村土地制度，才能够盘活农民的土地，将束缚农民流动的土地转变为现实可用的财产，为农民彻底转化为市民创造物质财富条件。

### 1．土地永佃制的基本内容

土地永佃制主要是指，政府以法律文件确定的形式赋予农民所承包的土地永久使用权和自由支配权，并给他们发放类似于地契的承包土地永久使用权证。在国有基础之上，农民有权对自己目前拥有的土地自由处置，可以进行流转、转卖、抵押或转租。某块土地的使用权征，是永久使用该块土地权利的法律凭证，国家保护土地使用权的神圣不可侵犯。国土永用权能够以继承、转让、租赁、抵押、买卖和赠送的不同方式在不同主体之间流转。按照相关的法规，经过正当的程序所获取的农村承包土地使用权能够自由地有偿转让，并依法受到法律保护免遭任何侵害。

国家法律规定国有土地的用途、性质，非经政府批准，土地使用者不得擅自更改所用土地的性质与用途。国家有权向土地使用者收取或减免国土租金。如果需要，经过公开程序、合法手续和公平补偿，政府可以从使用者手中购回国土的使用权。

### 2．土地永佃制的基本特点

国土永佃制在保持国家对土地所有权的基础上赋予了农民对自己承包土地的永久无偿使用权。这种永久使用权具有某种物化性质，当土地价格上升时，这种使用权也随之土地价格而上升。例如，一块原来远离市区的土地随之城市的扩展，交通变得更加便利，这时土地的价格就会上升，因为其相对于在原有农业使用价值基础上又增添了商业使用价值。此外，土地永佃制允许农民自由转让其所承包的土地使用权获取土地财产性收益，这种转让不改变土地属于国家的性质，只是增强了土地流转性。原有的土地家庭承包制规定了承包土地的承包年限，带来了土地使用权的不稳定性，不利于土地的流转。土地永佃制还强化了土地资源的优化配置，利用土地的深化经营。原来的家庭承包制下的土地由于受承包时间的限制，不利于土地的投入，弱化了土地产出效率。在土地永佃制下，由于土地使用期限没有限制，使得善于经营土地的个人或企业可以把分散承包的土地集中起来进行大量的投入，以获取土地的规模化经营收益，促进农业用地产出效率的提高。最后，土地永佃制可以使农民获得像城市居民住房房本一样的、具有法律规范效力的土地永久使用权证，这将会极大增强农民土地使用权证的金融信用功能，使得农民可以使用土地证书抵押获取银行贷款。

### 3. 农民土地的农转非资产效应

首先，赋予农民永久使用土地权利，无论人口增减、人口迁出，土地使用权永远不变，保证了土地长期使用的稳定性。土地永佃制明确了个人对土地使用权的自由处置权，这样就使得土地永用权证具有了长期稳定性的产权属性。

其次，土地永佃制提高了农民土地使用权的流动性，有利于土地资源和劳动力资源的优化配置，提高居民的收入。例如，不善于经营土地而善于经商的农民，可以把自己的土地转让给善于农业生产而土地不足的农户，取得进城从事商业生产的资本。而善于农业生产的农户可以利用土地规模化经营，提高土地的边际产出，获得更多的收入。这样，当土地市场达到供需相等的时候，土地资本和劳动力就会在资源配置上达到帕雷托最优。

最后，土地永佃制为农民提供了多种处置自己土地资产的方式，可以有效促进农村劳动力向城市的永久转移。前面我们分析发现，城乡二元结构社会保障体系限制了农转非的发生。由于害怕城市失业后无力承担家庭城市生活，农民不愿意放弃家乡承包土地，形成了城乡两栖生活的半城市化，不利于内需的扩大。调查数据表明，80%以上农民不乐意放弃农村承包土地换取城市保障或户籍。进一步表明，土地家庭承包制是制约农民农转非的重要原因。在土地永佃制下，农民土地就像城市的营业房，在不放弃营业房(土地) 前提下，既可以出租营业房(土地)获取每年固定的出租收益又可以在银行抵押营业房(土地) 获取一定的资本，这将会极大地促进农村劳动力稳定地向城市转移。

全国目前的农耕土地面积约 18 亿多亩。如果按每亩土地使用权证价格 2 万元计算，则全国农地永用权的总市值接近 40 万亿人民币。在土地家庭承包制下，这 40 万亿的农民资产处于睡眠状态，农民是守着金山没钱花。如果实施土地永佃制后，将会激活 40 万亿元土地资产，把农民潜在的土地财富变成现实可利用的家庭财产性收入，变成市场金融、银行信用的自然载体。只需要抵押、不需要转让土地永久使用权，农民便可以获得大量的贷款。这等于给中国国民经济注入了 40 万亿的有效需求。

宅基地财产性收益改革思路：赋予农民宅基地和宅基地上所建房屋具有法律效力的完全的物权，并登记、颁发产权使用证书。这样做不仅可以使不同地区农民公平获得一笔可供自由支配的财富，而且可以节约土地资源并保护农民宅基地在土地置换过程中不受侵害。我国不同区域土地价值不同，这就使得不同区域农民所拥有的土地价值和价格不同，偏远落后地区土地与发达地区土地价格不同，同等肥沃土地、粮食产量相同的土地也存在不同价格，甚至同一地块因行政区域划分不同，价格相差几倍、几十倍。例如河北赤城县与北京市相邻，但属于国家赤贫县，某些村庄土地与北京市村庄土地紧紧相连，就是由于行政区划而价格相差几十倍。背后深层原因：在于我国土地制度规定，建设用地增减挂钩，建设用地增加必须以相应复耕地来置换。发达城市建设用地指标紧缺，如果将这些宅基地转换成为建设用地，可以获取超额的溢价收益。相比较偏远农村地区的宅基地，价格财产性收益较低，如何使得这些地区的农民获得较高的土地财产性收入，是城市化过程土地改革的难题。解决的办法就是，相邻不同行政区划的土地可以实现置换。

# 第 6 章　结论、政策调整与展望

## 6.1　主要结论

城市化的快速发展、30 多年来国民经济的高速增长、对外贸易总额持续增长以及国内消费需求比重多年来的持续下降，基本上勾画出了改革开放以来中国经济发展的全貌与特征。2008 年年底爆发的世界性金融危机，使得中国出口主导型经济增长赖以存在的市场基础遭到破坏，中国迫切需要寻找保持经济持续稳定增长的新的动力。笔者就是在这样的经济背景之下，就城市化推动内需经济增长的机制和实现条件进行了理论研究和实证分析，认为在具备外部一定条件下，城市化应该而且必然能够成为内需经济增长的内在推动力。从城市化过程所蕴含的内在需求潜力来看，城市化本身就根植于经济增长之中，是一种经济增长因素。下面将从经济增长模式转变、城市化推动内需经济的内在机制、城市化推动内需经济的实证检验和城市化推动内需的外部实现条件四个方面概括主要研究结论。

第一，中国经济增长的典型化事实表明，长期以来依靠国外市场需求支撑的经济增长，在面临世界性的外部冲击下，不仅威胁到经济增长的持续性和稳定性，而且会给国内的宏观经济带来许多负面的影响，这将进一步加剧国内需求不足矛盾，具体表现在以下几个方面：

(1) 长期的贸易顺差，不仅带来了人民币升值的压力而且给国内带来了通货膨胀压力，造成国内资产性产品价格不断上涨，进一步抑制了国内需求增加。

(2) 我国出口导向型经济增长的基础在于低劳动力成本，在经济增长发展初期，依靠廉价的劳动力生产成本有利于扩大和占领国际市场和资本积累。但是随着我国经济实力不断增强，国民收入水平不断提高，劳动力成本上升是必然的趋势，这就要求我们从生产价值链的低端劳动密集型制造加工业向产品价值链的高端产品研发、设计、销售、服务转换延伸，但是长期以来出口导向经济所形成的路径依赖和国内产业结构扭曲阻碍了这一转型。当国际金融危机带来外部市场需求缩减情况下，从出口导向经济转向内需主导型经济成为中国的必然选择。

(3) 一国的内需包括投资需求和消费需求，投资需求是中间需求，最终的有效需求是消费需求，消费需求是企业生产、劳动力就业和资本结合在一起，推动经济增长的内在基础。中国是一个地域辽阔，人口众多的发展中大国，城乡二元结构特征明显，城乡间居民在消费需求上存在着很大的差距，农转非过程能够自动将这种需求差距转换成消费需求势能，推动国内消费需求增加，同时引致有关投资需求增加，共同推动内需经济增长。而经济增长又会产生新的投资需求和新的劳动力需求，最终形成内部需求经济增长的良性循环。因此，城市化本身从需求扩大角度而言就是一种经济增长因素。

第二，在一个封闭的城乡两部门模型中，农业部门生产属于规模效益递减，工业部门产品生产属于规模不变的前提条件下，农业部门农产品的产出收益与农业部门的劳动力数量成反比，与城市人口比重成正比；工业部门的产品需求与城市人口数成正比，与农村人口数成反比。在城乡之间存在消费需求差别的前提下，一个农民转换成为市民可以产生非农产品消费需求增长效应和收入增长效应。其中，消费增长效应大小与城乡消费需求差距大小和城乡收入差距大小有关，城乡消费差距和收入差距越大，增长效应也越强；此外消费增长效应还与农转非人口数量有关，农转非人口越多，消费增长效应越大。收入增长效应主要来自于剩余劳动力转移所带来的收入增加，转移的农村剩余劳动力越多，收入增长效应越强。农转非除了产生消费增长效应、收入增长效应以外，还能够产生资本重置效应和需求引致效应，这些需求效应大小也和农转非人口数量大小成正比。

第三，在农转非促进内需增长机制基础上提出了三个理论命题，并进一步进行了实证检验，结果显示：

(1) 将城市化和经济增长进行指标分解，然后进行 GRA 分析，关联度矩阵结果说明，城市化指标中，非农就业水平与经济增长关联度最大，其次是城市人口比重，其中非农就业水平又与经济增长分解指标中的农民纯收入水平关联度最大；经济增长分解指标中，社会零售总额与城市化关联性最强，其次为固定资产投资，其中社会零售总额和固定资产投资又分别与城市化分解指标中的非农就业水平关联性最强。

(2) 利用向量误差模型测算城市化对消费需求和投资需求的影响，从短期来看，滞后 1 期的城市化对消费和投资表现出明显的正向拉动作用，滞后 2 期城市化对消费和投资具有反向作用，使得消费和投资随城市化发展产生波动。从长期来看，城市化对消费需求和投资需求增长具有正向促进作用。城市化对农村居民消费需求、城市居民消费需求和投资需求的弹性系数分别为 1.72、2.5 和 10，城市化水平每增长一个百分点可以拉动农村居民消费增长 1.72 个百分点、拉动城市居民消费增长 2.5 个百分点、拉动固定资产投资增长 10 个百分点。进一步进行格兰杰因果关系检验，在 10%显著水平上表明城市化是农村居民消费增长的格兰杰原因、在 5%显著水平上是城市居民消费增长的格兰杰原因、在 1%显著性水平上是固定资产投资的格兰杰原因。

(3) 农转非促进了农村人均资本存量增加，导致农业劳动生产率提高推动经济增长。此外，农村剩余劳动力转移到城市，增加了非农部门的劳动投入，促进了非农部门产出的增加。利用 1978－2010 年数据计算检验，1978－2010 年间，农村剩余劳动力转移对中国经济增长的贡献率为 19.6%。

第四，农转非推动内需经济增长需要一定的外部力量启动才能够实现。这些外部力量主要包括政府支出、出口需求以及农民承包土地资产性收益。其中尤以农民承包土地资产性收益为重。政府支出、出口需求和农民土地财产性收入决定城市化水平和非农产品产出。外部需求增加产生的就业乘数或农转非乘数大小取决于城乡需求差距，城乡需求差距越大，农转非乘数越大，反之越小。

## 6.2　城市化的战略选择

### 6.2.1　城市化发展应以就业为导向，重视城市空间集聚度的提高

我国土地财政热情，带来了城市的快速膨胀。在不合理的利益驱使下，土地城市化快于人口城市化，房地产价格高速上涨，远超过居民收入增长速度，加大了城市化的成本，阻止了人口城市化进程，城市集聚效应难以发挥，进一步影响到产业的竞争力和就业增长。服务业是吸纳就业人口最多的产业，而服务业的发展和城市化的人口规模、人口集聚度高度相关，提高服务业比重增加就业的关键在于城市空间集聚度的提高。此外，我国城市化过程过于强调外延伸扩展，忽略了城市功能性扩张，无形中降低了城市的集聚能力，影响了就业能力扩大。最近的十年间，中国的城市建成区面积从 2000 年的 22 439 平方公里上升至 2010 年的 40 058 平方公里，这种大面积的城区面积的扩张反映了地方政府在城市化过程中对城市建成区面积规模扩张的追求，忽视了城市的功能建设，以致相当多的城市

规模扩大了，城市的区域中心功能不仅没有相应提高，反而出现了下降。例如内蒙古鄂尔多斯市康巴什新城建设，只考虑了城区面积扩张，忽视了相关城市生活设施配套，建成之后，就几乎成为空城，由于缺乏人口规模集中，自然会影响到服务业发展和就业增加。城市作为区域发展的中心，其最重要的功能是经济中心的功能。经济中心的功能发展基础是工业化水平，工业化发展需要城市集聚效应的提高，而集聚效应的生成必须着眼于城市化政策向大城市化倾斜。我国目前人均 GDP 大约为 4 000 美元，处于城市化中后期的快速发展阶段。按照这一阶段城市化发展普遍规律，大城市属于超前发展趋势。这就要求城市必须具备一定的规模，在此基础之上，城市化才能够发挥规模增长效应和集聚效应。集聚经济的本质是产业集聚和产业分工的结果，大城市在这方面比中小城市更具有城市化经济效应优势，应该成为中国城市化战略的发展方向。

### 6.2.2 城市化发展主体应从政府转向企业

市场经济条件下，企业是城市化发展的主要动力，城市只是资源和要素的空间载体，政府是城市的管理者，一个城市的发展和繁荣主要在于企业的发展和繁荣。企业越是兴旺发达，区域城市的要素集聚功能也就越强，城市的就业机会也就越多，基础设施也就越容易完善。因此，企业应该成为城市发展的主体。但是，在我国的城市发展过程中，政府过多地参与了城市的资源配置和城市化发展，形成了政府为主体的城市化发展格局。政府往往从自身利益出发，违背城市经济内在规律，盲目引进企业和投资，造成资源浪费和环境破坏，最后影响了地方经济的可持续发展。例如一些人口不足 30 万的小城市，以提升城市地位的借口，积极投资建设机场，最后造成资金的浪费。城市发展的内涵在于城市经济繁荣和市民生活的品质，这一切的基础是建立在企业的发展之上的。只有企业的发展，才能够带来更多的就业机会，政府才能够获得更多的税收，去进一步发展地方经济，形成经济集聚效应，推动城市经济的发展。

### 6.2.3 突破区域界限，加强区域间资源整合，协调区域城市化发展

中国地域辽阔，区域间的自然条件、资源禀赋和工业化的基础不同，使得区域间城市化发展出现很大的差异，并且表现出对经济增长不同的推动作用。东部省份依靠地理优势和政策优势取得了更大的空间集聚效益，吸引了大量的企业投资和外来劳动力；而西部落后省区，虽然拥有较多的自然资源资源和劳动力资源，但是缺少产业的支撑，空间集聚效应不强，这样东西部城市化发展严重失衡，最后造成了区域间经济增长失衡。内需经济增长的内在机制要求，各种资源和劳动力能够在区域间实现自由流动以最大限度地发挥出资源优化配置效应。这就要求城市化的发展要突破区域间的发展界限，按照市场要求实现资源的跨区域优化配置。可是，我国不同区域之间由于行政分割而造成了明显的市场分割，阻碍了各种资源在不同区域市场间的自由配置，最终难以实现区域城市间资源的整合，使得中国城市化难以整体协调发展。

## 6.3 城市化推动内需经济的政策调整

城市化推动内需经济增长的实现有赖于政府政策做出相应的调整，否则城市化的战略就会落空。城市化推动内需经济增长的关键在于农转非而非农民进城，

二者之间存在着本质的区别。农民进城，并不意味着成为真正的市民。目前我国城市存在着大量的农民工，他们虽然已经进城，但并未能够享受到真正城市居民的一系列就业和社会公共服务福利保障，过着一种城乡两栖式不稳定的生活，不仅不利于内需扩大反而起到了抑制消费的作用。而本文所说的农转非是指农民进入城市生活，并就业成为真正的市民的过程，这一转变过程不仅包括农民职业身份的非农化转变而且包括农民生活方式与生活环境的转变。农民转变成为真正的城市居民的实质是能够获得与城市居民同等的就业、教育、医疗、住房以及社会福利保障待遇。

但是，我国目前农转非过程中存在着一系列的制度障碍，这些障碍严重阻碍了中国城市化推进的速度和质量。其中最突出的障碍体现在依附在户籍制度上的城乡间、城市间的福利待遇差别，城乡分割的劳动力市场，城乡不同水平的社会保障制度以及缺乏财产变现能力的土地承包制度。第一，严格的户籍制度限制了城乡间的人口迁移以及不同城市间的人口迁移，不仅降低了劳动力的优化配置效率和阻碍了农民身份的转变，而且深化了城乡间、城市间的区域分割，不利于城乡差距、城市差距的缩小。第二，为了保证国家对土地的绝对控制和农业生产的稳定性，我国规定农村土地归集体所有，城市土地归国家所有，而农民只拥有一定年限的土地承包使用权。这种土地制度一方面限制了农民对土地自由支配权，降低了其土地的财产变现能力，另一方面由于在土地出让方面缺少话语权，经济利益常常受到损害。第三，城市分割的二元劳动力市场，使得绝大多数进城农民只能够进入工作稳定性差、劳动强度大、收入低、缺乏福利和社会保障的非正式劳动力市场就业，只有极少部分可以进入稳定性强、福利和社会保障完善的正规体制的劳动力市场就业，使得他们难以真正融入城市主流社会。第四，长期以来我国实行城乡差别的社会保障制度，已经进城务工实现了非农化的农民由于户籍制度阻隔，未被纳入城市社会保障体系享受到真正市民的较高水平的社会福利保障，实际上间接降低了其在城市工作的稳定性，只好依靠农村承包土地作为生活最后保障，在很大程度上阻碍了城市化推动内需经济的增长。因此，若想实现城市化推动内需经济增长的目标，必须对现有阻碍城市化推进的政策做出调整。

### 6.3.1 农转非与土地制度的调整

#### 1．土地制度调整依据

(1) 土地所有权制度二元结构不利于农村承包地的财产变现。中国土地制度存在着显著的二元性特征，规定所有城市区域范围内的土地归国家所有，非城市范围的草地、林地以及耕地归农村集体所有而农民个人只有使用权的制度。这种制度存在的最大缺陷在于土地的产权界定模糊，不利于土地流转形成规模化经营以提高土地的收益；此外，所有权和使用权的分离，使得农民在城市化的过程中，政府征用土地时缺少谈判的话语权，不能够公平合理地获得土地转让的收益。

(2) 土地所有权不完善不利于农民土地的流转。农村土地理论上属于乡、村两级集体所有，但事实上农村土地绝大多数归乡一级所有，村一级行使使用权。所有权和使用权的分离，使得土地只能够在乡里集体成员间进行流转，这样两难的体制矛盾，加上地缘和血缘限制，形成了农村土地流转障碍。

(3) 国家对土地一级市场垄断损害了城市化过程农民土地权益。中国土地市场实行的是政府垄断的经营模式，中央、省、各级地方政府严格垄断一级土地市场交易。这种政府垄断土地交易市场的模式不仅违背了政府公共服务职能而且和市场经济要求相违背，并最终导致市场资源配置的实效。地租理论表明，土地价格是土地经济价值的表现亦即土地资本化。与一般商品相比较，作为农民主要财富载体的土地，其特殊性表现为市场经济条件下，作为不可再生性和稀缺性的土地具有极大的升值空间潜力，附着在土地上的承包权也具有极大的升值潜力，而政府对土地交易市场的垄断不仅剥夺了农民土地潜在收益和价值增值，并且政府为了自身利益最大化更是常常压低农民土地实际价值，剥夺了农民土地的当期真实收益。

### 2. 土地制度的调整目标和政策取向

赋予农民承包土地永久使用权，使其能够获得承包土地财产性收益，割断农转非农民与承包土地的联系，解除农村进城劳动力对土地的依赖，剥离农村土地所承担的就业保障、低生活保障以及养老保障功能，使得进城农民彻底摆脱土地的束缚，转变为真正的市民是土地政策调整的主要目标。

(1) 赋予农民土地永久使用权。完善土地制度，在保留国有所有权不变基础之上，通过土地赋予农民土地永久使用权(永佃制) 和土地的财产性收益，促进农民承包土地的流转是农村剩余劳动力自由迁移和农转非的前提条件。割断非农化农村剩余劳动力与土地的联系并不是说剥夺农民工土地承包权，相反是要赋予农民土地市场自由流转获取土地财产性权益，使其有能力真正转变成市民，彻底融入城市的生活，摆脱土地的束缚。

为了保证城市化过程中农民土地财产性收益，防止地方政府以城市化发展和公共服务名义损害农民承包土地权益，应该加快落实中央政府关于农民承包土地关系长久不变的决定。明确将“农村土地承包关系长久不变”落实为承包农民的“土地承包权永久不变”。由中央政府对农民所承包土地统一进行登记、确权、颁发永久使用证书，使得农民领到印有最具法律效力的中央政府大印的土地权证，为切实保护农民土地财产权利提供法律保障，为便利农民土地自由交易提供基础性制度服务。在此基础上，进一步完善农民土地承包权和承包土地经营权能够分离的制度安排。赋予农民土地产权法律意义上的可分离，亦即将土地承包权和经营权进行分离，承包权为田底权，经营权为田面权。承包权由农民永远持有，农民可以自由决定，可使用、可收益、可转让权和可处置权。经营权是由承包权派生出来的权利，承包农民可以按承包权获取地租，承租承包权的经营者享有合同约定的土地使用、收益、转让、抵押权。

(2) 加快征地制度改革，给予农民土地财产权公平补偿。以被征用土地市场价格进行补偿为最终目标，以对失地农民的土地进行财产补偿为基本方向，鼓励地方政府对失地农民集体采取留用地、物业置换、提高补偿标准等方法，增加农民的土地财产性收益。尊重并保护被征用土地农民的话语权和谈判权。

以用途管制为唯一的准入制度。在用途管制下，农民集体土地与其他主体土地依法享有平等进入非农使用的权利和平等分享土地非农化增值收益的权利。明确规划的主要作用是落实空间和功能布局，改变地方政府通过规划修编将农民集体所有土地转变为国家所有、政府垄断经营的格局。打破目前因城市和农村的边界分割，对圈内和圈外土地按不同所有制准入的政策，除圈外可以用于非公益的非农建设外，圈内农民集体所有制土地在符合用途管制前提下，也可以不改变所有制性质进行非农建设。明确限定城市土地国有为建成区存量土地属于国有，新增建设用地用于非农经济建设的，除为了公共利益目的征用外，可以保留集体所有。对于建成区内的现状集体所有制土地，可以采取保权分利或转权保利方式，保障农民的土地财产权益。

(3) 变国有土地和集体土地“同地、同价、同权”。我国的土地权利长期维持二元结构。对待城市土地和农村土地存在严格区别，隶属于不同的权利体系，由不同的机构和规则管理。同样一块土地，因为所有制不同，在权利设置和利用分配上产生很大差异。为了保护耕地，我国实行土地用途管制和城市规划制度。但是，土地的农转非除接受用途管制外，还须接受所有制管制。按照土地管理法规定，城市土地属于国有，农村土地属于集体所有。当地方政府通过规划，扩大城市版图，农民集体所有土地便进入城市规划区，如建设用地便依法征收为国有土地。用途管制让位于所有制准入。土地非农化过程，事实上成为土地国有化过程。

必须改变同一块土地因所有制不同、权利设置不同的格局，赋予集体所有制土地与国有土地同等的占有、使用、收益和处置权，对两种所有制土地享有的权利予以平等的保护，实现宪法和相关法律下的同地、同权。

(4) 规范城乡用地政策，确保农民土地权益。随着城市化、工业化加速，土地供求矛盾加剧，地方政府纷纷通过农村存量建设用地的整理、置换来满足城市发展的用地指标，这在一定程度上解决了土地整理所需的资金，也节约了土地。但是，一些地方的做法也出现农民居住方式的非自愿改变和就业的无着落，土地权益的受损严重。必须在政策上予以明确和进一步完善。

第一，在城乡增减挂钩政策没有完善之前，严格限定城乡增减挂钩试点在国土部确定的范围内，近期不再扩大试点范围，对于各地目前自行的做法，国土部尽快组织调研，进行规范。

第二，由国务院召集国土、农业、建设、发改委、财政等部门，对国土部和各地自行进行的试点展开调研，尽快出台城乡建设用地置换办法。

第三，明确城乡建设用地置换的基本原则。包括：明确置换的主导准则是必须先有非农产业的发展和非农就业机会的提供，在此前提下，才可以进行农村建设用地与城市建设用地的置换和农民自愿前提下的居住和生活方式的改变，尤其防止中西部地区在非农产业发展滞后和非农就业机会缺乏下，先行进行土地置换和农民集中上楼居住。制定农村节约的集体建设用地指标的空间配置原则，明确首先满足县域和小城镇发展非农产业，多余指标可部分用于大城市使用，解决土地整理和村庄建设部分资金。

(5) 明确宅基地的用益物权。宅基地是农村建设用地置换的重点，同时也是农民农转非过程重点依赖的为数不多的资产变现来源。但是由于目前宅基地缺乏明确的法律规范制度保护，使得农民的宅基地财产性收益权在城市化发展进程中经常受到严重侵害。首先，必须赋予农民宅基地和宅基地上的房屋完全财产权并进行登记办证，使其商品化、市场化。这样就赋予了农民房屋和宅基地自由转让、抵押的权利，保障了非农化农民获得财产性收益的权利。此外，审慎推行宅基地换房等宅基地置换制度，保障农民对宅基地的占用权、使用权、支配权和收益权。建立宅基地整理节约出的建设用地利益分享机制。对于城市化、工业化进程被迫出让宅基地农民，不仅要补偿其房屋损失还应当补偿其宅基地权益损失。

## 6.3.2 农转非与户籍制度的调整

### 1．户籍制度调整依据

依据将人口按城乡划分为城市人口和农村人口，同时根据户口辖地管理原则，对异地户口迁移实行严格的行政控制，使得户口制度成为人口自由流动实现劳动力资源优化配置的最大障碍。中国户籍制度将人口严格划分为城市人和农村人，并分别对两个不同群体的人口实行不同的就业、教育、医疗、住房等公共福利社会保障政策，人为地扩大了城乡的实际收入差距，并且将这种差距进一步固化，不仅阻碍了城市化的发展也同时限制了经济的发展。

就目前而言，户籍制度依旧将人口划分为农业户口和非农业户口，户口依然具有身份性质。改革开放以后，随着城市化推进，户籍制度有所松动，但这种松动主要针对一些落后地区的小城镇，对于经济发达的地区，依旧处在投资移民、技术移民和婚嫁移民阶段上，而不允许在城市就业多年的农民工迁移定居，户籍制度改革缓慢甚至停滞。概括而言，越是经济发达、社会公共服务和福利水平高的城市对城市户籍限制越严格。隐藏在户籍制度背后的真正东西是各种利益的分配失衡。

户籍制度改革的滞后和不彻底影响了城市化的推进和城市化的质量，难以起到城市化推动内需经济增长的作用。由于进城务工的农村剩余劳动力不能够获得与城市居民同等的机会和社会地位，甚至缺乏基本的社会安全保障，这在相当程度上影响了他们在城市生活、工作居住的信心。由于预期工作不稳定、收入难以提高，其生活方式难以真正城市化，消费习惯和方式难以与城市居民接轨，所赚取的工资大部分不在本地消费而寄回老家建房，反过来又在一定程度上固化了城乡二元结构社会。

### 2．户籍制度调整目标和政策取向

我国现行的户籍制度是在计划经济时代，生产力发展水平落后和重工业优先发展的工业化道路等约束条件下形成的。由于附着在户籍上的政府公共服务福利水平存在着明显的城乡差异和城市差异，使得户籍制度逐渐演化为一种居民利益分配机制。尽管随着中国的城市化进程的不断推进，人口流动日益频繁，一些限制人口流动的政策也在发生转变和调整，但附着在户籍制度上的城乡二元结构分割上的城乡有别、城市有别的公共福利分配体制却始终保持不变，甚至还在转轨时期出现了强化的趋势。城乡二元结构的户籍制度对农转非的影响是多方面、综合性的。二元结构的户籍制度不仅实际拉大了城乡居民的收入差距，而且城乡户籍身份转变的限制，也同时阻碍了劳动力要素的合理流动和合理配置。农转非对内需经济增长的主要作用在于需求增长效应以及劳动力资源配置效应，农村剩余劳动力进入城市后，一方面增加了工农业产品的消费需求，推动了非农生产企业和服务业的发展。另一方面也促进了农业生产率和工业化程度的提高，对经济增长起着积极的推动作用。但是，户籍制度所带来的移民限制显然阻碍了这些效应对内需经济增长的推动作用。

从 20 世纪 80 年代中期以来，我国就对城乡二元结构的户籍制度进行了一些渐进式改革，虽然已经取得一些进展，在一定程度上促进了农业剩余劳动力转移和非农化进程，但是，总体来说，与加速农村剩余劳动力非农化和城乡一体化要求还存在很大差距。目前存在的问题主要表现为：

首先，缺乏全国统一的改革规划和目标。虽然中央政府也制定了一系列户籍改革方案，但是，缺乏具体原则性和明确的细则。目前，我国的户籍制度改革力度，依据城市经济的发展水平和规模，从小到大依次减弱。也就是说越是经济发展水平高、人口规模大的城市，改革力度越小；而哪些经济落后的小城市改革力度最大。其实质是隐藏在户籍制度背后的各种不平等福利保障和特权阻碍了改革的进度。

其次，目前户籍制度改革的出发点和目的背离了户籍改革促进人口自由迁移和定居的初衷和目标，而是转向了吸引更多资本、技术和人才的目标。一方面，一些城市以改革户籍名义推出了蓝印户口，为农村剩余劳动力的进入打开了大门。然而，蓝印户口依旧不能够享受到原市民红印户口所能够得到的各种权利和待遇，这种户籍改革未能够从根本上促进进城农民获得和原市民一样公平的待遇。相反，从另一方面，各地实施的蓝印户口成为各大城市吸引投资、引进人才和推高房价的办法：有的城市限定了最低投资额，有的规定了最低购房面积，有的城市规定了定居者的学历和技术职称等级。显然这些规定实际上为农村剩余劳动者进入城市设置了一个更高的门槛，从实际中限制了农民工非农化的实现。这种户籍改革不是我们所需的促进农村剩余劳动力流动，提高劳动力资源配置效率，推动内需经济增长的真正意义上的户籍改革。

最后，户籍制度改革迟迟难以推进的深层原因在于附着在户籍上的各种福利待遇。事实上，户籍制度改革本身并不复杂，而是附着在户籍上的各种相关社会经济政策和由此衍生出的社会利益分配格局，却是错综复杂的，户籍制度改革的核心和难点应该着眼于改革附着在户籍上的福利制度，不解决相关的政策问题，户籍制度改革将会难以稳步进一步推进并取得实质性进展。

改革城乡二元户籍制度体系的政策取向应当是建立以自由迁徙为基础、以利于劳动力资源优化配置为中心、职能单一、城乡统一的人口管理模式。其目标为：剥离其附带的利益分配功能，在制度上消除城乡二元分割的利益格局，即消除户籍制度对城乡之间劳动力要素流动的人为障碍和两种户籍性质下城市居民和外来人口的不平等待遇，恢复其人口管理的基本功能。

首先，中国户籍制度改革的方向要从剥离附加在户籍上的各种不平等福利待遇着手。中国不同规模等级和不同经济发展水平的城市，在户籍制度改革方面所遇到的阻力，基本上可以归纳为：不同城市户口所能够享受到的公共服务水平和公共福利待遇不同，能够获得的公共资源程度也不同，即不同等级的城市户口的含金量不同。越是户口含金量低的城市，政府所能够提供的公共资源越少，户籍改革越容易；越是户口含金量高的城市，政府所能够提供的非市场获得性公共资源越多，户籍制度改革难度越大。因此，剥离附加在户口上的各种不平等福利待遇，逐步消除户籍人口和非户籍人口之间的非平等待遇和差距，还原劳动力市场资源配置作用，是城市化推动内需经济增长的必然要求。在户口具有福利分配功能的效用制度下，劳动力的迁移不再是单纯追求资源的优化配置，而含有某种寻租的动机。因此将会导致劳动力流动发生地区间、城市间、部门间配置效率损失，这将在一定程度上延缓劳动力市场健康发育，阻碍中国经济增长。户籍制度改革的目的是为了形成劳动力在地区间、城市间自由流动，达到劳动力资源优化配置的局面。这就需要消除户籍上的一切不平等待遇，给予进城农民在就业、社会保障、公共服务供给等方面获得与城市本地居民同样的权利,所有公共资源都可以通过平等的市场竞争获得，而不是依靠户口所给予的“身份”得到。因此，消除户口所附着的不平等福利待遇可以将户籍制度改革简单化而且目标更加明确。将户口与福利制度剥离开来,还原户籍制度为人口登记制度,使户籍制度行使一般意义上的基本职能，实际上正是户籍制度改革的总体目标。实现了这一目标，就能够结束目前城乡之间、城市之间的分割状态，促进劳动力的自由流动，进而缩小城市间、城乡间收入差距，推动内需经济增长。

其次，废除或修改农村土地承包法所规定的“承包方全家迁入城市，转为非农业户口的，应当将承包土地交回发包方。承包方如若不交回承包土地，发包方可以收回承包出的土地”这一条款，赋予农民完全的土地财产处置权，使得迁移出去从事非农化的劳动力能够自由支配自己承包土地。以土地换户籍是国内目前普遍存在的一种农转非手段，但是这种用土地一次性换取城市户籍的做法，却遭到了农民的抵制。国务院发展研究中心课题组调查数据显示，尽管农民农转非意愿强烈，但是超过 80%的农民不愿意以土地换户籍。已经进城的农民工不愿意以土地换户籍，并非不愿意放弃土地进城，而是要求自己能够拥有对土地更多、更大的自主支配权、处置权。进一步说，公共服务均等化是法律赋予每一个公民的基本权利，从法律角度讲并不需要通过土地双放弃来获得城市户籍。从这里可以看出，户籍制度的改革需要结合土地制度的改革，没有土地制度变革，户籍制度变革将难以彻底进行下去。

### 6.3.3 劳动力市场就业制度

#### 1. 调整依据

主要表现为城市化过程中存在二元分割的劳动力市场。进城的农民工在劳动力市场所能够享受到的待遇和城市真正居民存在显著区别，主要反映在就业市场工资待遇低、工作环境差、缺乏劳动安全保障、升迁机会不足。

(1) 劳动力市场分割。Doeringer & Piore(1971) 的二元劳动力市场理论认为，劳动力市场可以被划分为“首属劳动力市场”和“次属劳动力市场”，也被称之为一级劳动力市场和二级劳动力市场。前者的工作条件好、收入水平高、稳定性强、升迁机会多，而后者恰好与之相反。

劳动力市场分割一种是由于劳动力职业等级客观界限所形成的纵向分割(技术分割)，这种分割源于劳动者自身受教育水平和个人素质差距；另一种是劳动力单位分割、产业分割、城乡分割和地区分割形成的横向劳动力市场分割。我国的劳动力市场分割主要表现为横向的行政分割，而行政分割更多的是以加强人口就业管理为借口存在一些地方政府与户籍相关的规章制度中。此外，中国劳动力市场分割的另一主要特征是按照就业者所在单位所有制性质，将劳动者就业部门划分为公有制部门和非公有制部门。公有制部门工资收入稳定、工作环境好、社会保障完善，因此成为绝大多数劳动力就业首选部门。而政府为了减轻城市财政负担，往往对这些单位用人进行严格的管理和控制，这种控制通常与户籍制度相关联。由于户籍限制和自身的素质所限，绝大多数农村剩余劳动力只能够进入城市的非正规的劳动力二级市场就业，在这一劳动力市场中，不仅工资水平低、工作条件差、缺乏制度的保障，而且收入具有极大的不稳定性和不确定性。为了抵御城市失业风险和提高自我保障能力，他们将尽可能保留农村的承包土地，这使得农转非推动内需经济增长的目的难以达到。

(2) 非正规就业。由于户籍制度所形成的人为劳动力市场就业分割，城乡居民在就业方面受到了截然不同的就业待遇。城市户口居民天生就享受充分的保障，并形成了强大的既得利益集团，在城市化的进程中，地方政府代表城市居民利益，采取各种政策手段，在招工报名、招工比例、用工领域等方面设置门槛和壁垒排斥外来农民工在城市就业，阻碍劳动力流动，导致劳动力市场的分割，使得进城农民只能够在城市的非正规行业就业。这些农村剩余劳动力从事的职业大多是重体力、脏累差以及高危劳动，收入明显低于城市正式职工平均工资水平，环境和待遇较差。

非正规就业对非农化的主要阻碍表现为：首先，非正规就业加大了收入不平等。一般而言，企业内部存在着不同的就业岗位待遇，对于管理人员和高级技师人员运用正规的就业形式，对于技术水平低的农民工采用非正规就业形式，即体现了固定工和临时工的差别。前者可以获得较高工资，并且享有完善的社会保障和其他福利待遇，而后者工资收入低、劳动强度大，并且缺乏各种福利和社会保障。这种不平等的待遇，使得他们长期徘徊于非正规就业市场，难有机会融入真正的市民生活，阻碍了城市化进程。其次，过多的农村剩余劳动力在非正规劳动力市场就业导致了总体居民收入水平增长长期低于国民经济发展水平，阻碍了内需经济增长。非正规劳动力市场就业者的工资收入普遍较低，绝对消费量不足，在外部需求不变或者减少情况下，内需不足反过来将会减弱经济增长的推动力，使宏观经济陷入恶性循环。低收入群体的增加还会加大对低价、缺乏技术含量商品和服务需求，导致企业创新缺乏动力，商品生产难以从价值链低端上移，实现产业结构升级转型，也不利于劳动生产率提高，最终影响城市化进程中资金积累和农民工就业环境改善等一系列问题。

### 2. 调整目标和政策取向

给予农村剩余劳动力平等的非农就业机会是实现农转非的前提。把农村剩余劳动力非农化就业放到突出位置，完善就业政策，为农村剩余劳动力提供多渠道就业选择空间。给予进城农民工与企业平等的谈判权并实现农民工平等获得劳动报酬权利，改善劳动就业环境和劳动条件，实现同工同酬。提供设计满足市场需求的教育培训内容，创造合理教育培训形式，构建教育培训网络，为个人资本投资和积累提供合理的配套服务。

(1) 把促进非农化就业放在突出位置。首先，政府有关产业和企业发展的政策要向促进非农化就业倾斜，采取多渠道、多手段促进非农就业。推进国民经济结构调整，要有利于农村剩余劳动力非农化就业转移。根据克拉克定律，一国随着城市化的发展，产业结构比重依次从第一、二、三产业为主，逐步转化为第三、二、一产业为主。但是由于户籍制度的限制，我国城市化过程中大多数城市人口规模达不到第三产业即服务业发展的要求，使得吸纳就业能力最强的服务业落后于城市化发展就业要求。这就要求地方政府把促进服务业发展放到提升就业能力的工作重点上来，尽可能地为服务业发展提供政策扶持。此外通过税收减免等政策，重点扶持一批具有发展潜力的中小民营企业发展，增强城市的就业能力培育。实践证明中小民营企业与国有企业相比较，由于在雇佣劳动力方面不受许多制度和政策条件影响，灵活性更强，因此吸收就业的能力更强、数量更多。

其次，加强不同行政区域之间的政策统一和协调，实现不同区域内城市资源的共享，以形成跨区域资源整合的城市群，并最终形成大中小城市产业分工协作，人口均衡分布的大都市圈。由于企业和劳动力在都市圈内部能够自由流动，这样不仅能够提高企业和劳动力配置效率，同时也可以促进中小城市产业和人口集聚，改善中小城市就业环境和就业条件，吸引大城市人口向中小城市转移以缓解大城市的人口、资源环境压力。

最后，加快东部地区和大中城市产业升级步伐，促进产业链向上下游高附加值的生产服务和消费服务延伸，扩大就业机会。西部地区要加大产业承接能力的培养，利用自己的劳动力优势和土地资源优势积极承接东部的资源互补性产业，加快地方产业结构调整，为农村剩余劳动力就地非农化转移提供产业的支撑。国家制定一系列优惠政策扶持一些有发展潜力、吸纳农村剩余劳动力强的产业。建立城乡统一的劳动力就业登记制度和实行全国统一跨区域公共就业服务信息系统，促进农村剩余劳动力非农就业和合理流动。

(2) 建立劳动力培训制度，增强农民职业技能。全面开展农民工职业技术教育和技能的适应性培训，提高其城市就业生存能力。有相当一部分农民进城受自身素质和信息闭塞的影响，很难适应城市较高收入工作岗位的要求，只能够在一些脏、累、差的低收入水平缺乏各种社会保障的非正规岗位就业，不利于非农化的转化。此外，由于农村信息闭塞使得进城农民的一时无法找到与自己技能相适应的工作，只好游离在城乡之间干一些城市兼业的零工。而通过政府部门的岗前职业技能培训，不仅可以提高进城农民的就业能力而且可以使得他们进入一些收入水平较高的正规行业，增强农民城市就业和生活的稳定性。此外，农民岗前就业培训制度的建立也是实现产业结构转型，转变经济增长方式的要求。我国许多产业位于产业价值链的低端，主要在于劳动力个人素质较低，技能较差，不能够适应价值链高端工作岗位要求。而经过职业技能的培训不仅可以促进产业结构向高端的转移，而且有利于企业盈利能力增强和劳动力收入的提高。

(3) 建立农民工工资增长机制。建立合理的农民工工资增长机制，给予农民工与城市居民同等的工资待遇是农民真正实现非农化的基本要求。长期以来进城农民工不仅受到就业的歧视而且在工资收入方面得不到保障影响了农民工在城市生活的稳定性，也加快了企业的劳动力流失，不利于企业稳定发展。各地政府应该根据当地的经济发展水平，制定合理的最低工资标准，并依据经济增长速度适时做出工资调整，以保证农民工能够享受到经济增长带来的福祉。政府应该及时与企业进行协调沟通，促使企业建立合理规范的工资企业利润增长联动机制，推进企业支付保障机制建立，确保工人合法劳动所得。加大劳动监察执法力度，确保用人单位和劳动者签订公平合理的劳动用工合同并依法履行劳动合同。

## 6.3.4 社会保障制度

### 1. 调整依据

目前农民工与城市居民最大身份差别集中在社会保障方面。与城市居民相比较，能够享受养老保险的农民工占 16.3%，城市工人占 67.3%；农民工的失业保险覆盖面为 6.2%，而城市工人为 44.5%；参加医疗保险的农民工为 24%，城市工人占 65%。即使在同等就业岗位和人力资本条件下，农民工和城市工人所拥有的社会保障也存在明显差异。由于农民工的养老保险缺失，增强了未来消费预期，不利于消费增长。此外，农民工在跨区域转移、接续社会保障关系时面临诸多困难，这也影响了农民工自由流动和稳定就业。

建立一个覆盖全民的健全社会保障体系，是实现城市化推动内需增长的必要条件。建立城乡统一的社会保障体系是实现社会公平、维护社会和谐稳定的必然要求，也是中国城市化战略推进的需要，它有利于引导农村剩余劳动力放弃兼业式非农化就业转移，促进农村土地集约化生产，提高农业劳动生产率。赋予农民工与城市居民平等、无差异的社会保障权利是促进农转非的根本动力。在国内需求不足的情况下，城乡统一社会保障体系的建立能够降低预防性储蓄、促进消费，这对于拉动内需经济增长意义重大。

### 2. 调整目标和政策取向

在推动农民工社会保障转型方面，政府财政政策主要目标应当是：提高城镇社保覆盖率，提高保障水平，防止进城农民工因社会保障缺失返回农村或者产生新的城市贫困人口。具体政策可以包括：加大对农民工的社会保障性补贴力度，给予已经在城市有固定居所和稳定工作的农民工与城市居民同等的社会福利保障待遇；建立财政部门、税务部门和企业的社会保障联动系统，对于为农民工缴纳各种社会保险的企业给予一定程度上的税收减免；建立全国统一的劳动力社会保障系统，允许社会保障资金跨区域转移。创新社会保障资金的筹集渠道，允许农民承包土地和宅基地进入社会保障资金市场，抵押贷款获取城市生活必需的保障。

## 6.4 未来的研究展望

城市化与内需经济增长之间的关系研究可以说是一项复杂而艰巨的任务，它所涉及的理论不仅包括城市经济、消费经济理论还包括了劳动经济学、发展经济学、福利经济学以及制度经济学等多学科内容。由于笔者学科研究方向为城市经济再加上个人学科知识基础有限，因此本研究主要以城市经济学理论为基础，紧紧围绕农转非过程的需求变化这一视角去探求城市化对内需经济增长的影响机制以及其实现条件，而没有转换视角考虑其他城市化影响因素对内需经济的作用机制，这可能即是本研究的不足之处。单就城市化与内需主导经济增长关系研究视角上看，还有许多值得拓展的方向。

首先，本研究是基于城乡需求转换视角去分析城市化对内需影响机制，带有一定的局限性，城市化对内需经济的影响还可以从城市化的路径和模式这一方向拓展研究。由于中国地域辽阔、区域间经济发展水平不同，各区域之间城市化的路径和模式不同，对内需经济的影响也就不同。例如，成都城市化模式有效推动了城市化的发展，为经济增长创造了有利的条件。另有许多地区强制农民上楼，要地不要人的城市化模式，使得失地农民生活难以维系，不仅不会产生需求扩大效应，反过来影响了社会的稳定。另有，城市化对内需经济影响还可以从政府投资的视角去进行拓展研究。本书在研究城市化推动内需的外部条件时，提出政府投资可以启动农转非内在需求，进而使得农转非自组织进行去拉动需求增长。但是，中国政府主导的投资可以被划分为内需主导型投资和刺激经济型投资，这两种不同的投资对内需增长的作用不同。比如说，政府投资可以建楼堂、会馆、广场、机场，这类投资一般属于刺激经济型投资，它在短期内可以拉动经济增长，但是从长期来看可能会阻碍内需经济增长。因为这类投资未来收益性较差，甚至没有收益，反过来增加政府债务，影响地方政府公共福利方面支出能力，阻碍内需的扩大。政府投资也可以增加有关民生方面建设，例如廉租房、学校、医院等或者投资入股有发展潜力的地方中小民营企业，这样就会降低居民未来消费预期或增加地方就业能力和政府税收，从而推动内需经济增长。

其次，本书研究城市化推动内需经济实现条件，主要侧重于农民承包土地财产性变现对农转非的影响，这也有相当大的局限性。未来的条件分析研究还应该更多的关注劳动力市场分割与就业问题，不解决这一问题，农转非推动内需经济增长机制的影响效力将会大打折扣。

最后，从流域经济和政区经济资源整合方面，研究政府行为对城市化推动经济增长具有怎样的影响也具有深远的意义。区域分割、地方政府利益分割影响了产业的有效布局和资源的优化配置，使得城市化不能够在较大或更广阔的空间去推动经济增长。这是中国目前城市化存在的一个重大问题，对这一问题的研究具有重要的理论意义和现实意义。

# 参 考 文 献

[1] 蔡昉，都阳，王美艳．劳动力流动的政治经济学[M]．上海：上海人民出版社，2003．
[2] 成德宁，城市化与经济发展-理论、模式与政策[M]. 北京：科学出版社，2004.
[3] 高铁梅．计量经济分析方法与建模：Eviews 应用与实例[M]．北京：清华大学出版社，2006．
[4] 格罗斯曼，赫尔普曼．全球经济中的创新与增长[M]．北京：中国人民大学出版社，2002．
[5] 国家统计局．中国科技统计年鉴[M]．北京：中国统计出版社，2009．
[6] 刘恒中．论中国大发展：八亿农民变市民[M]．北京：中国财政经济出版社，2008．
[7] 任兴洲. 扩大消费需求：任务、机制与政策[M]. 北京：中国发展出版社，2010.
[8] 徐勇，等. 中国农村与农民问题前沿研究[M]. 北京：经济科学出版社，2009.
[9] 赵红军. 交易效率、城市化与经济增长[M]. 上海：上海人民出版社，2009.
[10] 国务院发展研究中心课题组．中国城镇化：前景、战略与政策[M]．北京：中国发展出版社，2010．
[11] 蔡昉. 人口转变、人口红利与刘易斯转折点[J]. 经济研究，2010(11)：4-13.
[12] 成德宁. 城市化收益递增与经济增长[J]. 南都学坛，2009(1) ：131-136.
[13] 程开明，李金昌．中国城市化与技术创新关联性的动态分析[J]．科学研究，2008(3) ：666-672．

[14] 程开明. 城市化促进技术创新的机制及证据[J] . 科研管理，2010(2)：26-34.

[15] 孔祥瑞，宋俊芳. 内需主导型消费投资关系研究[J]. 浙江统计，2009(4)：28-30.

[16] 刘林. 我国经济结构失衡的内需与外需原因分析[J]. 改革与战略，2010(11)：36-40.

[17] 刘瑞翔，安同良. 中国经济增长的动力来源与转换展望-基于最终需求角度的分析[J]. 经济研究，2011(7) ：30-41.

[18] 郎丽华，王姝娜. 以内需为主保增长的经济学分析[J]. 教学与研究，2009(7) ：11-15.

[19] 王稳琴，王成军，刘大龙. 中国城市化与经济增长关系研究[J]. 山西大学学报(哲学社会科学版) ，2011(3) ：123-128.

[20] 王翔. 就业吸纳、产业集聚与生产者服务业发展[J]. 财经论丛，2011(1)：15-19.

[21] 周笑非，冯云廷. 城市化与经济增长互动关系研究-以内蒙古为例[J]. 青岛科技大学学报(社会科学版) ，2011(3) ：13-16.

[22] 周笑非. 城市化需求潜力与效应实证分析[J]. 青岛科技大学学报(社会科学版) ，2012(1) ：25-27.